白手起家

拥有自己的服装店

王 慧 / 编著

企业管理出版社

图书在版编目（CIP）数据

白手起家：拥有自己的服装店 / 王慧编著 . —北京：企业管理出版社，2010.8
　ISBN 978 – 7 – 80255 – 640 – 9

Ⅰ. ①白… Ⅱ. ①王… Ⅲ. ①服装 – 商店 – 商业经营 Ⅳ. ①F717.5

中国版本图书馆 CIP 数据核字（2010）第 162645 号

书　　名：	白手起家：拥有自己的服装店
作　　者：	王　慧
责任编辑：	齐　观
书　　号：	ISBN 978 – 7 – 80255 – 640 – 9
出版发行：	企业管理出版社
地　　址：	北京市海淀区紫竹院南路 17 号　　邮编：100048
网　　址：	http：//www.emph.cn
电　　话：	出版部 68701719　发行部 68467871　编辑部 68414643
电子信箱：	80147@sina.com　　zbs@emph.cn
印　　刷：	北京市业和印务有限公司
经　　销：	新华书店
规　　格：	170 毫米×240 毫米　16 开本　16 印张　230 千字
版　　次：	2010 年 10 月第 1 版　2010 年 10 月第 1 次印刷
定　　价：	32.00 元

版权所有　翻印必究·印装有误　负责调换

前　言

　　服装行业是一个既传统又前卫的行业，传统是因为它在很久之前就已颇具规模；前卫在于这个行业的发展日新月异，服装的款式不断地更新变化，总是带给人一种新鲜感。随着社会的进步，人们生活档次的提高，消费者对服装的要求越来越高；服装的种类也越来越多，不同的服装设计师设计出了不同风格的服装，满足了不同人群的消费需求。女装有女装的时尚，男装有男装的品味，童装有童装的可爱。有时我们去逛街，不仅仅是去买衣服，我们甚至一分钱不带，只为欣赏服装的款式，服装的搭配，服装流行的颜色，这也是一种很好的休闲方式。因此，我们说，服装行业发展到现在，它已演变成了一种文化状态，在满足人们基本需要的同时，它更多地给予了我们审美的愉悦。

　　作为销售服装的服装店，国内外可谓比比皆是；所售服装的分类也是林林总总，有男装，有女装；有童装，有中老年装；有休闲装，有职业装，等等。店铺装修也是风格迥异，豪华的，简洁的，个性张扬的，古朴的，甜美的，狂野的，等等。现在越来越多的人想开服装店，有一些人是因为喜欢服装、喜欢研究服装而想开店；还有一部分人是想在服装店里实现自己的价值，店铺的装修设计和服装款式一律是自己喜欢的，服从自己的风格的。总之，无论是哪一种原因，大家都加入了服装销售的行列，都需要与批发商（或生产厂家）、顾客交流及合作。

　　在人们开服装店的过程中，难免遇到很多问题。比如说，开什么样的店，开服装店的流程是什么，如何搞好装修，如何做好销售，等等都是大家关心的问题。本书综合考虑了开店前、中、后的多个问题，从多个角度对开店的流程进行了详尽的叙述，对每个流程都做了深入的探讨，以求最大限度地满足读者的需求。本书内容包括开店的前期准备，店铺的装修，店铺的陈列，服装的进货，服装的销售，店员的招聘培训，顾客的心理，顾客的投诉处理等方面；附录中是关于网络开店的一些知识，对网店有兴趣的读者可作参考。

创业指向标

本书第一章介绍了开服装店前的准备工作，认真分析了开店者的心理因素、店铺起名的要点和禁忌、店铺地址的选择及服装店的注册登记等，大家在开服装店前还没有想好或需要问的问题都可以在这里找到答案。第二章是服装店所选城市中市场及各商圈的调查分析，内容涉及城市人口的状况，交通情况，商圈的大小、形态、特征，客流量大小等因素，这些因素对服装店的开店及经营都有很好的参考作用。第三章主要介绍服装店的装修设计，装修的好坏在服装店的经营过程中占据非常重要的的作用。装修包括装修材料的选取，服装店门面的装修，收银台的布置，试衣间的设置，店铺外观颜色的选择，店铺装修费用的预算，店内照明的设计，背景音乐的播放等，内容涵盖装修的点点滴滴，以期满足读者的需求。第四章在前三章的基础上，介绍了服装进货和仓储的知识，内容涉及进货地点的选择、进货预算、服装采购、服装质量的检验、服装的运输、服装的库存现状及如何处理库存的服装尾货等。第五章介绍了服装的陈列及搭配技巧，服装陈列是开服装店的重要一环，陈列的好坏和服装店的经营状况紧密相连。本章从服装陈列的意义到陈列原则、陈列方法，再到陈列的具体操作，都做了详细的解说。第六章是关于服装店员工的招聘、管理和培训。本章首先介绍了合理的员工招聘计划的制订，然后分析了如何做好员工的激励工作，本章对培养员工的习惯、提高员工的工作积极性方面有很好的参考价值。第七章主要介绍如何了解顾客的购买心理。服装店的服务对象是顾客，因此了解顾客的购买心理至关重要。本章从服装定价的技巧入手，分析了顾客的需求特征，如何捕捉顾客的购买信号，如何处理顾客的抱怨和投诉及在服装店的经营过程中遇到的其他问题。

书中各部分都介绍得非常仔细，小到照明灯的选择，大到收银台的设置以及试衣间的装修等，可谓面面俱到。大家完全可以参照本书做开店的准备、装修及后期事务，相信你可以开一家很完美的服装店，也能得到一笔不错的收益。已经拥有自己店铺的店主也可以参照本书做一些店面装修的改进、人员培训等工作，相信本书会成为你的良师益友。书中难免有疏漏之处，敬请指正。

编　者

目 录

第一章 开服装店,你准备好了吗

第1节 开服装店前的心理因素 / 3
第2节 好的店名是店铺的招牌 / 7
第3节 选择好的店铺地址很重要 / 16
第4节 服装店的注册登记及相关法律条文 / 24

第二章 市场分析及商圈调查

第1节 调查所在城市的情况 / 33
第2节 城市服装业状况调查 / 37
第3节 服装店应该进入什么样的商圈 / 40

第三章　装修设计影响小店的效益

第1节　装修材料的选择 / 51
第2节　服装店主要区域的装修要点 / 62
第3节　装修过程中的点点滴滴 / 65
第4节　设计不一样的店内照明 / 67
第5节　设计舒适的试衣间 / 70
第6节　收银台设计要点 / 75
第7节　服装店的背景音乐不容忽视 / 76
第8节　装修的几个错误倾向 / 78

第四章　服装的进货和仓储

第1节　进货渠道的选择 / 83
第2节　服装采购 / 95
第3节　服装质量的检验 / 101
第4节　网店服装图片拍摄 / 117
第5节　服装的运输 / 129
第6节　服装库存的原则 / 131

第五章　服装的陈列及搭配技巧

第 1 节　陈列的重要性及陈列原则 / 143
第 2 节　服装陈列常用方法 / 151
第 3 节　陈列的技巧 / 156
第 4 节　服装陈列设施的选择 / 165
第 5 节　色彩要素在店铺陈列中的作用 / 167
第 6 节　服装店中灯光的布置营造 / 170
第 7 节　衣服颜色搭配的方法 / 173

第六章　员工的招聘、管理和培训

第 1 节　制订合理的员工招聘计划 / 181
第 2 节　制订有效的员工培训计划 / 189
第 3 节　做好员工的激励工作 / 197

第七章 了解顾客的购买心理

第1节 服装定价的技巧 / 211

第2节 把握顾客的需求心理 / 221

第3节 捕捉顾客的购买信号及如何向顾客推销 / 236

第4节 如何处理顾客的抱怨和投诉 / 240

第一章
开服装店,你准备好了吗

- 第1节　开服装店前的心理因素
- 第2节　好的店名是店铺的招牌
- 第3节　选择好的店铺地址很重要
- 第4节　服装店的注册登记及相关法律条文

第1节　开服装店前的心理因素

1.1　你是哪种创业者

想要开服装店的人，大体可分为以下三类：

一、感性创业者

当看到某些经营成功的店面时，他们就想，如果自己开个这样的店该多好啊。这种创业者属于感情用事型，对开店过于乐观。

二、理性创业者

又可分为两类：一是水到渠成型，这类人拥有专业技能，科班出身，从基础做起，经历公司各项营运阶段，实力强；二是停、看、听型，他们不急于投入，心中对开店仍存疑惑，想通过各种渠道进行了解，找寻最好的方式。

三、综合型

就是以上两种综合的创业者，带着浪漫主义理想的创业者。

1.2　开服装店的首要问题是心理

第一，想开服装店需要把心态放平，有多大实力才能做多大生意。因此开店前首先要考虑一下自己的投资实力，以及能支撑的亏损预算。

第二，开服装店到底是一时冲动，还是长期打算？开店是门生意，不是一时的玩乐兴起。年轻人尤其要考虑好，丢了工作，再赔了家当的事情，每天都在发生。

第三，有没有守店的毅力？有没有吃苦的精神？见过无数女同胞提着货袋（进的货）艰难地行走、赶车、逛市场，也见过无数眼神无光的老板坐在店里发呆。你有守店的那份耐心吗？你有起早贪黑的精神吗？

第四，敢赚敢赔的心理。做生意和人生是一个道理，不可能像顺风行舟那么顺当，一时的惨淡，一时的亏损，你能承担吗？还有再前进的信心吗？

1.3 开服装店资金的应用以及预算

开服装店需要多少钱？很多朋友问，我想开个服装店，要多少资金啊？资金的应用是根据不同的店面、不同的货源和不一样的装修来预算的。很多时候，是没办法一句话回答你的。一般来说，一个实体店铺的经费支出包含以下四项：

一、店面租金

包括初期的房租费用及相应的水、电、暖费用；如果是盘购别人的店，则还包含店面转让费用，有时还会包含前任店主余留的货款。

二、道具（货架、衣架、模特等）费用

道具里，货架是大头。当然，就简单的小店来说，货架是用不了多少钱的。其次是模特，价格在200元到几千不等；再次是衣架、账本、扫把、拖把等等细节的东西，都是一笔开支。

三、货品资金

这个问题比较常见，特别是首批货品。价格不同的货品资金的应用自然也是不同的，但是如果是对装修简单而且陈列不太复杂的店来说，200件货品就能支撑开场。这个开场就是挂个样，卖了立刻就去补货。但这个方法是相当麻烦的，老手都明白这个道理。根据这个数量，就可以算出货品的平均价和所需要的货品资金。

四、装修资金

装修，不同的档次有不同的价格，装修得越高档，材料越好、越豪华，费用自然就越高。就河南来说，30平方米以下的房子简单装修约在3000至5000元，

40 至 100 平方米的房子简单装修约需 1 万元左右。当然，根据具体城市、地理位置的不同价格也会有很大差异。

1.4 开店成功率有多高

专家认为，店面经营成功之道，"技术"是基本生存条件。真正让店面落地生根，充足的竞争力是不可或缺的。只有留意市场讯息，关注新形态消费文化及特性，才能使创业者在消费者偏向理性思考的情形下，免于落入削价竞争的恶性循环中。

1.5 开什么样的店

我们到底想开什么样的服装店，是品牌代理店，还是外贸服饰店，还是童装店，还真得好好琢磨琢磨。

下面是几个不错的建议：

其一，若你浑身充满创造力，内心热情如火，外表光芒万丈，可考虑经营时尚先锋店，创造流行趋势，做个时尚先驱。

其二，若你酷好精致有品位的物品，可经营二手精品店、精品服饰店，品牌专营。

其三，若你极度敏感，有爱家、恋家情结，童装店是个好的选择。

其四，若你崇尚与众不同的穿衣风格，具备百搭成趣的能力，外贸服装店会是一个好的选择。

另外，还须考虑个人性格特征、兴趣；在清楚手头上握有的资金数目后，进一步了解你所要开设的店面，是否因为业态属性不同，需要特殊能力，如业务开拓能力、表达能力；对即将投入业种的适应度做逐一评估，如工作时段、工作时间长度及工作进行方式。建议在尚未决定开店业种时，应多参与加盟业者举办的

说明会，听听不同业种的声音，并亲自听听开店的酸甜苦辣。

1.6　以什么方式开店

　　是单打独斗、自己开店，还是邀亲友合伙？此外，合伙投资开店，日后须有面对股东意见分歧与权责划分的勇气。合伙最好避免 2 人组合，而以 3 人为佳，最多不超过 5 人。

第 2 节　好的店名是店铺的招牌

开服装店，我们首先要给店铺起个好名字。店铺的起名也是一个大学问，名字既要符合我们所卖服装的种类，又要符合目标顾客的审美需求。服装店的名称要有潮流感、时尚感，能对顾客产生较强的吸引力。

2.1　店铺起名的要点

一、易读、易记原则

服装店在起名时要求易读、易记。比如卖运动装的李宁店，以得奥运金牌的运动员名字命名，既简洁又好记，品牌效应很快就显现出来了。服装店可参照下面的标准来起名：

1. 简洁。

名称单纯、简洁明快，易于和消费者进行信息交流。

2. 独特。

店名要标新立异，有其独特的个性。

3. 新颖。

店名要有新鲜感，给人一种耳目一新的感觉。曾经有一个服装店铺名称叫"变压器"，一看这个店名，着实让人为之一震。

4. 响亮。

响亮指的是店铺名称读起来要琅琅上口，掷地有声。如"森马服饰"、"雅戈尔服饰"、"七匹狼男装"等。

5. 高气魄。

服装店名要有气魄，要起点高、具备冲击力及浓厚的感情色彩，给人以震撼感。

二、支持标志物原则

服装店标志物是指店中可被识别但无法用语言表达的部分，如李宁的松鼠尾巴造型、耐克的毛笔字造型、阿迪达斯的三叶草造型等。

标志物是服装店名的一种反映，当消费者看到该标志物时，会立即联想到该品牌名称。因此设计一个好看又好记的标志物也是至关重要的。如当我们看到有人背着一个包包，上面印有一只可爱的米老鼠时，我们会立即想到米奇这个品牌，因为米老鼠给我们留下了深刻的视觉形象。

三、适应市场环境原则

服装店名对于相关人群来说，可能听起来合适，并使人产生愉快的联想；因为他们总是从一定的背景出发，根据某些他们偏爱的店的特点来考虑该零售店。店名不仅要适应目前目标市场的文化价值观念，而且也要适应潜在市场的文化价值观念。

文化价值观念是一个综合性的概念，它包括风俗习惯、宗教信仰、价值观念、民族文化、语言习惯、民间禁忌等。不同的地区具有不同的文化价值观念。

四、受法律保护原则

服装店经营者还应该注意，绞尽脑汁想到的店名一定要能够注册，受到法律的保护。要使零售店名受到法律保护，必须注意以下两点：

1. 该零售店名是否有侵权行为。

零售店经营者要通过有关部门，查询是否已有店名相同或相近的零售店被注册。

2. 该零售店名是否在允许注册的范围以内。

有的零售店名虽然不构成侵权行为，但仍无法注册，难以得到法律的有效保护。

2.2 服装店起名技巧

店名应该让人看起来就有一种美感，可采用一些符合中国人审美观的字样。不要剑走偏锋，为吸引人而故意使用一些低俗、惹人反感的名字，这样会适得其反。

一、琅琅上口

店名一定要简洁明了、通俗易懂且读起来要响亮畅达。如果招牌用字生僻，读起来拗口，就不容易为浏览者熟记。

二、别具一格

用与众不同的字眼。服装店铺有千千万万，要使自己的小店在名字上就显出一种特别，体现出一种独立的品味和风格，吸引浏览者的注意。如：衣见钟情、唯衣驿站。

三、与自己经营的商品相关

要选择一个让人一眼就看出你经营范围的名字，店名用字要符合自己所经营的商品。如棉麻时代、棉花记、女人衣柜等。

四、用字吉祥

中国人都喜欢吉祥如意，不管是使用吉祥的数字还是词语都会起到意想不到的效果。

2.3 外贸服装店如何起名

一、借名命名

借名命名的起名方法很多，形式各异，其中，借名生辉是比较好的方法。主要可分为借用人名和地名两种。

1. 借用人名。

在我国一直比较流行的是以产权人或创始人的名字来起名。

2. 借地名。

这种方法就是以企业商号所在地的地名变换或者蕴含形式取名。

二、巧借典故

这是中国特有的借典为商业命名的方法。我国传统上有一种重文抑商的观念，一些商人把商业性场所也像文人雅士的书斋一样命名，如"斋""阁""居""园"等。借典命名，也是一种很好的命名思路。

三、别具特色

如果名字有特色，可以达到很多效果。有些起名方式直接从标明企业、商品特点和服务质量方面着手。这是一种广为使用的方法。

有一家"万里鞋外贸服装店"，如果把它稍稍转化一下，就是一则非常好的广告："穿万里鞋，走万里路"。

较具特色的命名跟商号和产品本身有适当联系，以便让消费者听到、看到服装店名后，能大致获知其商号、产品信息。服装店专家建议：

1. 以座右铭或最欣赏的诗词警句作为依据。

2. 从熟悉的专业中去寻找"典"，以作起名之用。

3. 为防重名，也可花些力气去查一些不多见的各种各样的书籍，从中发现好名字。

4. 在常见的书中寻找，从普通中寻找不凡的搭配。

5. 查词典、辞海来据典起名。

四、针对需要

就是迎合消费者的审美特点，以流行或深受人们喜爱的人或事物的名字来为店铺起名，常常会收到非常好的效果。

1. 针对怀旧心理。

鲁迅先生精明的同乡们在绍兴按照小说中所描写的样子开了一家又一家"咸亨外贸服装店"。一时喜欢鲁迅作品的人从四面八方汇集到这里。

2. 适应时尚，并用吉祥如意的字眼来取名的方法常用不衰。

随着目前考试热升温，考上就是福。有位老板给自己的小饭馆取名为"托福餐厅"。

3. 喜"洋"之气。

前些年，许多外国投资者纷纷在我国开办企业，崇洋心理便在一些人的观念中滋生，于是洋名纷纷出笼。

4. 迎合吉祥之意。

商号求吉起名现象特别多，如"八仙酒楼"，哪位顾客不希望自己像八仙那样神通？

5. 猎奇心理。

取名时标新立异，常常会起到出奇制胜的效果。

五、选择合适的角度

针对不同的服装店铺选择不同的角度命名，也不失为一种好方法。

1. 以经营者的角度命名的服装店铺相当多，即根据经营者的需要，选择自己喜欢的名字。

2. 从服务的角度命名，常用的方法是突出自己产品和服务的特点。

3. 选择目标市场，针对自己的目标市场进行命名。

4. 选择文化角度，如果在命名时能够注入特定的文化成份，不仅可以提高自己的档次和品位，而且能引起更多顾客的注意。例如，"红都外贸服装店"就是典型一例，这个名字充分体现了中国传统文化的特点。

5. 选择竞争角度，在商场中，如果名字起得好，还能增强自己的竞争优势。

2.4 淘宝店取名

给淘宝店取名时，除了要体现自己的风格外，还要考虑在淘宝网被搜索到的概率。因为淘宝网有搜索店铺、搜索掌柜、搜索宝贝三大搜索功能，如果淘宝店名能兼顾这三大搜索功能，那店铺被搜索到的概率将会很大。

我们知道，用户进淘宝搜索，多数都是输入自己想要的东西名称，比如手机、服装等关键字，如果你的店名里包含这样的关键字，那么就能被别人搜索

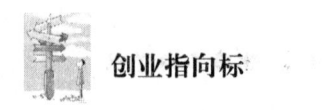

到。比如"时尚女性流行前线——浪漫书屋",包括了时尚、女性、流行、书等几个关键字。当然,不同时期可以适当地增加些广告语,比如"免运费、打折、促销、中秋节"等词语,也很不错。

2.5 店铺起名的禁忌之一

2.5.1 忌用多音字

起名使用多音字,就像使用冷僻字一样会给人们的拼读带来很大的不便,寓意本身就不够明朗。以多音字起名,名字有两个或更多的发音时就更容易让人感到无所适从。例如:乐海服装店,其中的"乐"有两读,一读 LE,一读 YUE,使人不知读哪个音更好。如下面这些字都有两读:行(XING,HANG)、省(SHENG,XING)、重(CHONG,ZHONG)、茜(QIAN,XI)、朝(CHAO,ZHAO)等。当然我们并不是说起名绝对不能用多音字,但至少要保证别人能够确定其读音,不至于读错。

2.5.2 忌用偏字

商标名称是供消费者传述的,本应考虑到用字的大众化问题,然而令人遗憾的是,有些商标在起名用字上也存在着一些十分严重的问题。某大豆蛋白粉厂为自己的大豆蛋白粉、速溶豆乳品等类产品商标起名为"罡凤"。这样的商标不要说一般的农民、市民不认识,恐怕连大学里的老师也未必人人认识。我们很难设想这样的商标能够成为名牌商标,也很难设想这种商标的商品能够在市场上畅销。好的名字正像好的文章一样,是在平淡中见神奇,而不是靠冷僻字、多笔画字和异体字取胜。

2.5.3 忌寓意隐晦

寓意隐晦就是语意过于深奥,别人看不懂。就像选用冷僻字一样,意思虽好,没有人懂,寓意再好也没有意义。

2.6 店铺起名的禁忌之二

给服装店取名是我们开服装店要做的第一件事情,很多朋友为了别出心裁,专挑独特的起。起个独特的名字肯定是好事,店名叫好又叫座对店铺的长期发展很有帮助,但是要注意一下不要犯忌。

一、不要违背社会传统伦理道德

"黑店"和"衣冠禽兽"都是很独特的名字,引起了一时轰动,但是很快被工商局取缔了。因为它们违背了人们的传统道德,会引起别人效仿,有伤社会风化,很容易误导人。

二、避免涉嫌侵权

"兆本衫"这个名字最近也成为网友热议的话题。小店名字一挂上,路过的人都要看两眼,的确起到很好的宣传效果,但是也侵犯了别人权益。

三、避免涉"黄"

有个女装店叫"一婊人才",他的衣服是卖给谁的?很多人为了炒作店铺,不惜影响形象,这样只是哗众取宠,不能长久。

四、避免触法

有理发店取名"非发走丝"、"执发者"。店名很新奇,估计要不了多久,相关部门会来找你。

下面是一些另类店名,其中好坏大家自己判断。洗脚的:足趾多摩、过足瘾;面馆:面对面;发廊:最高发院、发改委、执发者、头等大事;烧烤店:思烤者、高烤、我烤;饭店:川越食空、客临炖、食家庄;酒吧:朝酒晚舞,等等。

店铺取名是有相关法律约束的。关于企业的名称管理,国家工商局于1991年5月21日发布了一个第七号令即《企业名称登记管理规定》,该《规定》第九条规定:"企业名称不得含有下列内容和文字:

(一)有损于国家、社会公共利益的;

（二）可能对公众造成欺骗或者误解的；

（三）外国国家（地区）名称、国际组织名称；

（四）政党名称、党政军机关名称、群众组织名称、社会团体名称及部队番号；

（五）汉语拼音字母（外文名称中使用的除外）、数字；

（六）其他法律、行政法规规定禁止的。

该《规定》适用于个体工商户。个体户申请登记时，提供的名称不符合规定的，不予核准登记。如果未经核准登记便从事经营活动或者擅自改变名称的，工商行政管理机关可以根据《规定》给予行政处罚。"

2.7　服装名称大全

开好服装店，有了个性的、吸引人的店名，就有了良好的开端。服装店名要和自己所卖服装的风格相适应，要体现经营定位和店主的价值取向。

以下服装店名供参考：

秀衣坊、青春驿站、唯衣空间、卓多姿、靓丽阁、左岸、港角、倩影、衣加一、时尚秀、红雨亭、快乐小天使（童装）、格外女装、锦衣女人、美思内衣、杰灵冰川羽绒服、北极新秀（内衣）、衣锦衣舍、心心相衣、相衣阁、衣福舍、靓衣轩、济州岛、太极风、魔女变身、水木年华、My Girl（韩装）、潮流阁、韩迪雅、美姬鼠、千黛百合、锦瑟、丽人坊、转角、卡卡、简单、青苹果、奕霏服饰、鱼儿空间（女装）、韩迪雅、衣阔、思嘉丽、粉墨登场、黛蜜儿、流行坊、衣秀、型女、珍秀、诱惑、百衣百顺、秋水衣人、风袖衣香、朴坊、锦衣堂、加衣站、秋水丽人、特别特、女子百合、四季美人、蝶幻、歪酷、衣炫传说、一房公社、迷妮服饰、印象服饰、一频道、时代尺码、依芙莎、希野、时尚坊、纯衣柜、凌轩衣阁。

另附几个具体描述的服装店名。

女人王国服装店：女性是服装店购物的主导，以吸引女性眼球为目的，特取名女人王国。

雪莉香榭服装店："雪莉"为英文名 shirley 的中文翻译，此英文名代表温柔的女子。

淘其乐服装店：淘其乐，顾名思义就是淘自己喜欢的衣服喽。

一年四季服装店：一年四季的衣服应有尽有。

骨朵儿服装店：挺有个性、挺时尚。

竹林流沙服装店："竹林流沙"稀有、珍贵。

萌萌的粉色小屋：可以代表时尚，也可以代表可爱的儿童服饰。

第3节　选择好的店铺地址很重要

当我们手头有了一点闲钱时，为了更好地利用这部分钱，我们往往会想到开店。的确，自己开店当老板，假如经营状况比较理想，不仅可使你的财产得到有效的保值增值，而且还能在心理上获得一份成就感。因此眼下关注和涉足开店的人已越来越多。要开店，就不能不考虑选择店面的问题。有关专家指出：找到一个理想的店面，你的开店事业也就等于成功了一半。这话一点都不假，开店不同于办厂开公司，以零售为主的经营模式决定了其店面的选择是至关重要的，它往往直接决定着事业的成败。开店最讲究人气，在人流量集中的地方开店是最理想的；也可选择在服装街上"安家落户"，追求规模效应。总之，只要把小店经营得有特色，自然会吸引客户群。

3.1　选择好的店铺地址需要考虑的因素

3.1.1　人流量的调查分析

诚然，人流量是决定门店选址的一个重要因素，但是了解客流的消费目标，才是更为重要的工作。这就要求研究门店的有效客流量是多少。例如上海的豫园商城是集园林、庙宇、市场为一体的商业区，每天客流量在数十万以上，但是客流的大部分是旅游的，不是买客，消费目标是旅游和餐饮。如果在这里选择开近万平米的大百货商店，肯定是不行的，应在预测了有效客流的预期购买量之后再做决定。

3.1.2　对于竞争对手的分析

对竞争对手的分析可以分为业内竞争和行外竞争两种形式。随着市场竞争的加剧，为了吸引更多的顾客群体，为顾客提供一站式购物，我们常常会看见门店出售的商品与商店的类型毫不相关的现象,这种现象被称为掠夺式销售。

3.1.3 地理位置

由于顾客购物时总是选择地址便利的商店,所以辨别竞争对手的时候,店址的临近程度是门店选址的重要因素。要正确判断商圈内顾客的习惯性行走路线,最先占领有利地位,为门店的成功做好准备。

3.1.4 成本的核算

连锁门店的成功之道在于利用规模经济的边际效益,而有些门店的位置距离中心库房很远,尤其是刚好超过货车一日的行程。如果门店之间距离很近,就可以节省相当一笔费用,例如两个门店可以共用一个店长、商品配送更为便利等等。

3.1.5 人们聚集或聚会的场所

如商店在剧院、电影院等娱乐场所附近,有时会吸引那些休闲娱乐的人到店里闲逛,就有许多人会买。服饰的流行快、样式多,只要能购进款式独特流行的服饰,人们就会因在别的地方买不到而买下它。而且来这类娱乐场所的大都是年轻人,他们追求时尚的心理很强,所以,在这些地方开一家时尚的服饰店,会吸引大批追赶潮流的年轻顾客。

3.1.6 同类店铺聚集的街区

聪明的经营者常"扎堆经营"。试想几家服装店或者一条服装街比邻而居,高中低档全有,各种款式俱全,客人有所选择,谁不愿来呢?

对于服饰这类选购性商品,若能集中在某一地段或街区,则更能招揽顾客。因为经营同类商品的店铺很多,顾客可在这里有更多的机会进行比较和选择。例如成都的科甲巷一条街,是成都高档服装的聚散地,生意相当火爆。东玉龙街,是皮衣一条街,天气转凉或寒冬将至时,选购皮衣的人都要来这里逛逛,生意兴隆自不必说。

3.1.7 交通便利的地区

要交通便利,顾客才愿意光顾,愿意坐车去。一般来说,附近有汽车站,或者顾客步行不到20分钟的路程就可到达的店铺是最优的。

一般来说，具有上述两个以上条件的地区就是好的地点，如果能全部具有则是最佳的店址。但是具有这些条件的地点一般租金都会相当高。店主不要被较高的房租吓倒，而要认真分析投入这笔资金能带来多大效益。一般只要开店构想对了，都是高投入高回报，所以要舍得在店址上投资。

其实好店址的高租金并不是一天两天形成的，也不是任意可以抬高的。它是房东和租主在长期利润分成较量中形成的契约，租金高到租主无钱可赚，那么再好的门面也租不出去。可见，好店址虽然寸土寸金，但正常情况下赚的钱总会大大超过租金，并有利可图。

3.2 进一步考察所选店面

在初步选定开店的地点后，还应做进一步的全面考察，主要考察以下几方面的情况：

3.2.1 店面本身的情况

开音像制品店的小罗不久前从别人手里盘了一个店面下来。这个面积达15平方米的店面位于次繁华地段，每天的人流量也十分的可观，可是租金却非常便宜，每月只要800元。小罗以为捡到了便宜，偷偷直乐。没想到，花了一万多元装修停当，隆重开张还不到一个月，一纸《拆违通知书》把他打的满头晕。原来，上家通过内部关系得知店面迟早要拆，便来了个金蝉脱壳，捞了一票便溜之大吉，剩了个篓儿让小罗来钻。所以，在租店面之前，一定要对店面的情况做一番仔细的调查了解。

3.2.2 房东的背景

有的人急于寻找店面，就满大街搜寻，有时还真能被他找到几家正挂着"转让"字样的店面，于是便迫不及待地与之谈判、交付定金甚至租金。其实这种做法是极其草率的。假如你真的看中了店面，最好先从侧面打听到真正的房东（即产权所有者），对其背景情况基本了解，觉得可靠后再进行接触。一般最好直接与真正的房东谈，假如房东表示已将承包权出租，不愿再插手时，你再与现在的店主谈判也不迟。另外，一旦谈成功，也要注意必须正式签协议并要求到房产所有者那里更改租赁人姓名。

3.2.3 同业竞争情况

主要是经营业绩的情况、商品的价格水平。考察同一地段同类商店的经营业绩，可以初步测算出租此店面可能产生的利润状况。

3.2.4 客流状况

"客流"就是"钱流"，考察客流状况。

3.3 尽快拿下看中的店面

一旦找到理想的店面，就要当机立断，尽快拿下看中的店面。如何拿下店面？谈判自然是至关重要的。

3.3.1 谈好房租价格

对于开店来说，房租往往是最大的一块固定成本。在与房东砍价之前，先自己定一个能够接受的最高价，这个价位必须是：

首先，你觉得自己是有把握负担得起的；

其次，预算一下，估计是有钱可赚的；

最后，再向附近类似的门面打探一下，价位也是基本一致。然后再依据这一自己设定的最高房租价格，比较房东给出的价格，权衡后砍价，就较容易成功。

3.3.2 谈好缴付方式

缴付房租有多种方式，一般最常见的有按月结算、定期缴付和一次性付清三种。最理想的租金缴付方式是每半年或一年集中缴付一次；还有的店面是长期定租的，一租就是十年二十年，如果你有足够的资金，也可以一次性将十年二十年的房租全部付清。

3.3.3 谈好附加条件

与房东谈判，除了谈租金外，还要注意谈妥有关的附加条件。首先，你在租房前应对店面内现有的情况,包括装修状况、设备状况等都了解清楚;然后通过谈判,要求房东在出租前对门面房进行基本的整修,或者要求房东承担相应的费用,在租金中予以抵扣。总之,要尽量争取节省开销。同时,你可以通过谈判要求免付押金。

3.4 商铺出租合同范本

合同双方:

出租方(以下称甲方):

法定代表人及身份证号:

营业执照号:

注册或居住地址:

邮编:

电话:

承租方(以下称乙方):

法定代表人及身份证号:

营业执照号:

注册或居住地址:

邮编:

电话:

甲方愿意将产权属于自己的房屋出租给乙方。双方根据国家相关规定,经协商,订立本合同:

第一条　甲方出租的商铺座落地址_____,建筑面积_____ m^2(使用面积_____ m^2)。

第二条　租期_____年,自_____年___月___日至_____年___月___日。

第三条　租金和租金交纳期及条件：

1. 每月租金为人民币_____元，乙方每个月缴纳一次租金。乙方可以支票或现金形式支付租金。

甲方开户银行：

收款人名称：

帐号：

2. 本合同一经签署，乙方即应交纳相当于____个月租金的押金。合同终止，乙方交清租金及水电、煤气、电话等相关费用后，甲方即可退还乙方押金。若乙方提前解除合同，视为违约，押金不予退还。若乙方在承租期间给甲方房屋和相关设备造成损害，甲方有权从乙方押金中扣除维修和赔偿费用。

第四条　水电费、管理费、电话费、清洁费和维修费的缴费办法：

1. 管理费：甲方每月自行向有关部门交纳；

2. 水电费、煤气费：乙方每月自行向有关部门交纳；

3. 电话费：乙方自行向有关部门交纳。

4. 维修费：租赁期间，乙方引致租赁物内与房屋质量有关的设施损毁，维修费由乙方负责；租赁物内家私、家电设备损毁，维修费由乙方负责。但正常磨损除外。

第五条　出租方与承租方的变更：

1. 租赁期间，甲方如将房产所有权转移给第三方，应符合国家有关房产转让规定，不必乙方同意。但甲方应提前两个月书面通知乙方。房产所有权转移给第三方后，该第三方即成为本合同的当然甲方，享有原甲方的权利，承担原甲方的义务。

2. 租赁期间，乙方如欲将租赁房屋转租给第三方使用，必须事先征得甲方的书面同意。取得使用权的第三方即成为本合同的当然乙方，享有原乙方的权利，承担原乙方的义务。

第六条　乙方的职责：

创业指向标

1. 乙方必须依约缴纳租金及其他费用，如有无故拖欠，甲方有权向乙方加收滞纳金，滞纳金为实欠租____％。如拖欠租金____天，视为违约，甲方有权收回房屋，并不退还乙方押金。

2. 甲、乙双方在合同终止前，须提前一个月书面通知对方是否终止合同。

3. 乙方在租赁期间，必须以合理防范措施，保护租赁期内设备和设施的完好无损（自然折旧除外），乙方不得擅自改变租赁房屋的结构及用途。如确需要变更用途，需经甲方同意后方可进行。乙方造成租赁房屋及其设备的毁损，应负责恢复原状。如乙方在租赁期满不负责恢复原状，甲方有权自行恢复原状，费用从乙方押金中扣除。

4. 乙方如在租赁房屋内安装超过电表负荷的任何设备、仪器或机械，须征得甲方同意，并由甲方协助乙方办理相关手续，费用由乙方自理。未经甲方同意和因未办理相关手续而产生的事故或罚款，由乙方自理。

5. 乙方不得在租赁房屋外面附加任何物件或涂刷任何涂料或做出任何更改。

6. 租赁期满或合同解除，乙方必须按时将租赁房屋内的全部无损坏设备、设施在适宜使用的清洁、良好状况下（自然折旧除外）交给甲方。

7. 租赁期满或合同解除后，乙方逾期不搬迁，甲方有权从已经解除租赁关系的房屋中将乙方的物品搬出，不承担保管义务。甲方有权要求乙方赔偿因此而产生的费用，并有权诉之法律。

8. 乙方保证承租甲方的房屋作为商业用房使用，遵守中华人民共和国法规和政府相关规定，合法经营。因乙方违法经营而给甲方造成的连带损失，由乙方负责赔偿。

9. 甲方向乙方出示出租房屋的相关资料原件并给乙方与原件一致的复印件。包括出租房屋的产权证、房屋所有权人的身份证和出租许可证等。如果任何第三方对出租房屋主张权利，使乙方无法使用租赁房屋，甲方应赔偿乙方所蒙受的一切损失。

甲方在租赁期内：

（1）对本合同约定期内设施进行维修保养；

（2）对本出租房所属的大厦或小区的安全和管理负责；

（3）负责租赁房屋的结构性维修。

（4）甲方保证乙方在本合同期内合法经营不受干扰。

第七条 合同期满，如甲方的租赁房屋需继续出租，在甲方向第三方提出的同一条件下，乙方享有优先权（但租金可随社会物价指数变动而适当调整）。

第八条 租赁期间，若乙方因不可抗力的自然灾害导致不能使用租赁房屋，乙方需立即书面通知甲方。若双方同意租赁房屋因不可抗力的自然灾害导致损毁无法修复使用，本合同可自然终止，互不承担责任，甲方须将所有押金及预付租金无息退还乙方。

第九条 甲方配备的室内电器、家具的数量、型号和装修的标准，以附件确认为准。

第十条 本合同如有不尽事宜，须经双方协商补充规定，补充规定与合同具有同等效力。

本合同执行中如发生纠纷，应通过甲乙双方协商解决，协商不成，可提请当地工商管理部门或人民法院裁决。

本合同经过双方代表签章后生效。本合同正本一式两份，甲、乙双方各执一份。

出租方：

承租方：

法定代表人盖章：　　　　　　　　　　　　法定代表人盖章：

　　年　月　日　　　　　　　　　　　　　　年　月　日

双方签字确认：

甲方法定代表：　　　　　　　　　　　　　乙方法定代表：

　　年　月　日　　　　　　　　　　　　　　年　月　日

第4节　服装店的注册登记及相关法律条文

4.1　注册登记及办理流程

一、注册需提供资料

1. 个人资料（身份证、法人户口本复印件或户籍证明、居住地址、联系电话）。

2. 注册资金。

3. 拟注册公司名称若干。

4. 公司经营范围。

5. 注册地址房屋产权证、租赁合同。

二、办理流程

1. 企业名称核准。

2. 刻章，验资。

3. 办理营业执照。

4. 办理组织机构代码证。

5. 办理税务登记证。

6. 开立银行账户。

7. 买发票。

服装店不需要办许可证，只要到所在地工商所办理以上证照就可以了。办理营业执照时，需带场所证明（租赁合同或房产证）、身份证。至于开服装店是否需要办理除个体户工商登记外的其他特殊手续,首先要确定你是以何种方式进行开店经营。

目前开服装店的形式一般有三种:利用沿街店铺开店、在服装市场内开店、进入百货商场设柜台。

利用沿街店铺开店的一般流程是先寻找门面,与房东签订房屋租赁合同,然后前往所在地工商部门办理个体营业执照,最后就可以开店营业。

在服装市场内开服装店的流程是先寻找合适的服装市场,与物业管理公司签订房屋租赁合同,然后前往所在地工商部门办理个体营业执照,最后就可以开店营业。

进入百货商场设柜台的流程是在寻找到中意商场以后,首先需要注册一家经营范围包括服装类的公司,然后与百货商场签订联营合同,再开业经营。

工商局注册时需带身份证、商铺的租赁合同等,一式两份。为避免与别人重复注册,最好多准备几个拟注册公司名。注册费各地不同,一般350元至550元不等。取得执照后一个月内,带身份证、执照去税务局办理税务登记,在税务局需交付360元的票管员证和报税证,一般来说小企业注册不会太难。

4.2 城乡个体工商户管理暂行条例

第一条 为了指导、帮助城乡劳动者个体经济的发展,加强对个体工商户的监督、管理,保护其合法权益,根据国家法律规定,制定本条例。

第二条 有经营能力的城镇待业人员、农村村民以及国家政策允许的其他人员,可以申请从事个体工商业经营,依法经核准登记后为个体工商户。

第三条 个体工商户可以在国家法律和政策允许的范围内,经营工业、手工业、建筑业、交通运输业、商业、饮食业、服务业、修理业及其他行业。

第四条 个体工商户,可以个人经营,也可以家庭经营。个人经营的,以个人全部财产承担民事责任;家庭经营的,以家庭全部财产承担民事责任。个体工商户可以根据经营情况请一、两个帮手；有技术的个体工商户可以带三、五个学徒。

第五条 个体工商户的合法权益受国家法律保护，任何单位和个人不得侵害。

第六条 国家工商行政管理局和地方各级工商行政管理局对个体工商户履行下列行政管理职责：

（一）对从事个体工商业经营的申请进行审核、登记，颁发营业执照；

（二）依照法律和本条例的规定，对个体工商户的经营活动进行管理和监督，保护合法经营，查处违法经营活动，维护城乡市场秩序；

（三）对个体劳动者协会的工作给予指导；

（四）国家授予的其他管理权限。

各有关行业主管部门应当按照国家规定，对个体工商户进行业务管理、指导、帮助。

第七条 申请从事个体工商业经营的个人或者家庭，应当持所在地户籍证明及其他有关证明，向所在地工商行政管理机关申请登记，经县级工商行政管理机关核准领取营业执照后，方可营业。国家规定经营者需要具备特定条件或者需经行业主管部门批准的，应当在申请登记时提交有关批准文件。申请经营旅店业、刻字业、信托寄卖业、印刷业，应当经所在地公安机关审查同意。

第八条 个体工商户应当登记的主要项目如下：字号名称、经营者姓名和住所、从业人数、资金数额、组成形式、经营范围、经营方式、经营场所。

第九条 个体工商户改变字号名称、经营者住所、组成形式、经营范围、经营方式、经营场所等项内容，以及家庭经营的个体工商户改变家庭经营者姓名时，应当向原登记的工商行政管理机关办理变更登记。未经批准，不得擅自改变。个人经营的个体工商户改变经营者时，应当重新申请登记。

第十条 个体工商户应当每年在规定时间内，向所在地工商行政管理机关办理验照手续。逾期不办理且无正当理由的，工商行政管理机关有权收缴营业执照。

第十一条　个体工商户歇业时，应当办理歇业手续，缴销营业执照。自行停业超过六个月的，由原登记的工商行政管理机关收缴营业执照。

第十二条　个体工商户缴销、被收缴或者吊销营业执照时，应当向债权人清偿债务。

第十三条　个体工商户应当按照规定缴纳登记费和管理费。登记费和管理费的收费标准及管理办法，由国家工商行政管理局和财政部共同制定。

第十四条　个体工商户所需生产经营场地，当地人民政府应当纳入城乡建设规划，统筹安排。经批准使用的经营场地，任何单位和个人不得随意侵占。

第十五条　个体工商户生产经营所需原材料、燃料以及货源，需要由国营批发单位供应，供应单位应当合理安排，不得歧视。

第十六条　个体工商户可以凭营业执照在银行或者其他金融机构按有关规定，开立帐户，申请贷款。

第十七条　个体工商户营业执照是国家授权工商行政管理机关核发的合法凭证，除工商行政管理机关依照法定程序可以扣缴或者吊销外，任何单位和个人不得扣缴或者吊销。

第十八条　除法律、法规和省级人民政府另有规定者外，任何单位和个人不得向个体工商户收取费用。对擅自向个体工商户收取费用的，个体工商户有权拒付，各级工商行政管理机关有权予以制止。

第十九条　个体工商户应当遵守国家法律和政策的规定，自觉维护市场秩序，遵守职业道德，从事正当经营，不得从事下列活动：

（一）投机诈骗，走私贩私；

（二）欺行霸市，哄抬物价，强买强卖；

（三）偷工减料，以次充好，短尺少秤，掺杂使假；

（四）出售不符合卫生标准的、有害人身健康的食品；

（五）生产或者销售毒品、假商品、冒牌商品；

（六）出售反动、荒诞、海淫海盗的书刊、画片、音像制品；

（七）法律和政策不允许的其他生产经营活动。

第二十条　个体工商户应当按照税务机关的规定办理税务登记、建立帐簿和申报纳税，不得漏税、偷税、抗税。

第二十一条　个体工商户按规定请帮手、带学徒应当签订书面合同，约定双方的权利和义务，规定劳动报酬、劳动保护、福利待遇、合同期限等事项。所签合同受国家法律保护，不得随意违反。从事关系到人身健康、生命安全等行业的个体工商户，必须为其帮手、学徒向中国人民保险公司投保。

第二十二条　个体工商户违反本条例第七条、第九条、第十条、第十一条、第十三条、第十九条的规定，由工商行政管理机关根据不同情况分别给予下列处罚：

（一）警告；

（二）罚款；

（三）没收非法所得；

（四）责令停止营业；

（五）扣缴或者吊销营业执照。

以上处罚，可以并处。

违反治安管理的，由公安机关依照有关规定处罚；触犯刑律的，依法追究刑事责任。

第二十三条　个体工商户及其从业人员拒绝、阻挠工商行政管理人员及其他管理人员依法执行职务，尚不够刑事处罚的，由公安机关依照有关规定处罚；触犯刑律的，依法追究刑事责任。

第二十四条　工商行政管理机关的工作人员或者其他管理人员违反本条例规定，严重失职、营私舞弊、收受贿赂或者侵害个体工商户合法权益的，有关主管机关应当根据情节给予行政处分和经济处罚；造成经济损失的，责令赔偿；触犯刑律的，依法追究刑事责任。

第二十五条　个体工商户对管理机关作出的违章处理不服时，应当首先按照处理决定执行，然后在收到处理决定通知之日起六十日内向作出处理的机关的上级机关申请复议。上级机关应当在接到申请之日起三十日内作出答复，对答复不服的，可以在接到答复之日起三十日内，向人民法院起诉。

第二十六条　依照国家有关规定，个人经营或者家庭经营营利性的文化教育、体育娱乐、信息传播、科技交流、咨询服务，以及各种技术培训等项业务的，参照本条例规定执行。

第二十七条　本条例由国家工商行政管理局负责解释；实施细则由国家工商行政管理局制定。

第二十八条　本条例自一九八七年九月一日起施行。

第二章
市场分析及商圈调查

- 第 1 节　调查所在城市的情况
- 第 2 节　城市服装业状况调查
- 第 3 节　服装店应该进入什么样的商圈

第1节 调查所在城市的情况

服装店开店前,进行市场调查是必不可少的,所在城市的地理位置、交通、发展方向都是我们要了解的因素。掌握了这些内容,我们才能把握好开店的方向,诸如,开什么样的服装店,装修成什么样的风格,进什么风格的衣服等等。调查城市的状况须从下面几个方面入手。

1.1 地域因素

对城市所在的位置、地域及其腹地的大小都要调查了解,地域的环境、气候特点也需要掌握好。如果一个地方早晚很凉,白天很热,这样我们在服装进货的时候就可以双向考虑,可以在进一些散热性好、薄质衣服的同时,也进一些保暖性好的衣服,以满足人们因气候变化不断更换衣服的需求。

1.2 交通情况

交通网密集的地方,不仅是商店密布的地方,同时也是公司集中的地方。有公司就有员工,员工就是消费者,并且以白领居多,在这些地方开店是最好不过了。我们可以在这里开外贸服装店、服装品牌店、职业服装店,如果做好宣传工作,收益将会很不错。

1.3 看准繁华地段

繁华地段自然是各种商店集中之处，所以商家选择热闹地段开店乃是当然之事。但是在繁华地段地价及租金都较昂贵，因此在投资成本提高的状况下，如何对地段做有利的运用，是在繁华热闹地段开店的考虑事项。服装店开在超市周围或是大型超市里面都是很不错的选择，如家乐福里面就有很多服装品牌店。大多数人是冲着家乐福去的，但当大家走在过道上，看到有自己喜欢的衣服，或是促销的衣服，买衣服的欲望立马就被激发出来了。这样，大家在去超市购物的同时，既买了自己需要的食品等东西，又选购了自己想逛街去买但又没时间去买的衣服，这不是一举两得吗？其实现在北京很多的大型商场都是这种模式，商场里面有服装店，有超市，有快餐店，有美容店，化妆品店等等，让我们进入一个商场就可以享受到多种服务，满足了人们的多种需求，可谓一举多得。

1.4 人口流量

一般商店位置若为行政、经济、文化活动等集结之处，那么整个都市机能易于发挥出来，比如行政管理、经济流通、娱乐、物品贩卖等机能，自然成为人口流量中的焦点。对于人口流动究竟是以上下班通勤的人口为主体还是以购物、社交、娱乐的流入人口为主体，都是调查时应明了的事项。确定了什么样的人口，我们才可确定我们究竟进何种服装以满足需求。

1.5 都市将来发展计划

开店时，我们也要对政府提出的市政规划有一定的了解。都市将来发展计划如交通网的开发计划、社区发展计划与商业区的建设计划等，都是开店时应该考虑的因素，对于将来的商圈变动都有一定的影响。

1.6　城市的人口状况

不同的消费者对服装的需求不同，我们要从人口总数、年龄结构及家庭总数和结构等方面了解所选城市的人口状况。通过对这些情况的了解，我们可以掌握目标城市人口的宏观情况，从而从中细分出服装店的潜在目标消费群。

1.7　居民收入及目标消费群特征

对所选城市居民人均收入进行调查分析，可以了解专卖店目标消费群的潜在购买力，从而推测出其可实现的购买力。收入水平较高，相对来说购买力比较强，对服装品牌的需求就比较强烈，因此开服装品牌店、旗舰店是比较明智的选择。收入水平低，购买力弱的情况，可以考虑开外贸店或低端品牌店。同时掌握目标消费群的职业特征，也有利于专卖店有针对性地开展宣传、促销活动。

那么，调查一个城市的总体状况都有哪些方法呢？

一、查阅城市统计年鉴

城市统计年鉴是统计局发的，能全面反映城市经济和社会发展情况的资料性年刊。其内容包括：城市行政区划与城市发展概况，列有不同区域、不同级别的城市分布情况以及城市发展综述和研究分析报告；城市人口、就业、资源资料，包括城市人口、劳动力资源和就业、土地资源；城市经济发展主要指标统计资料，包括综合经济、农业、工业、固定资产投资、商业、对外贸易、利用外资、财政、金融、保险等方面内容；城市社会发展主要统计资料，包括劳动工资、教育、文化、医疗卫生等方面内容；城市环境与基础设施资料，包括交通运输、邮电、供水、供电、城市道路、交通状况和城市环境状况等方面内容。

从城市统计年鉴上，我们可以了解整个城市的大体信息，从而为我们的开店

创业指向标

做准备。

二、走访城市统计部门

走访统计部门，我们可以了解到城市发展的最新信息，如城市各区人口数、人口年龄结构、城市各区家庭数及家庭结构、城市人均收入、目标消费群的职业特征。

三、设计问卷进行有针对性的抽样调查

由于是我们自己设计问卷，设计的时候，我们就可以把我们想了解的消费者的信息反映到问卷上。一般我们能了解到：目标消费群的职业特征、目标消费群的消费心理和购买行为习惯。

第2节 城市服装业状况调查

2.1 城市服装业年销售额

通过调查，了解城市服装消费总量及增长趋势，从而对所在城市服装市场潜力有一定的把握。下面两个图表给出了我国服装产量变化和销量变化的情况，仅做参考。

图表：2001－2004年我国服装产量变化表

年份	产量（亿件）	比上年增幅（%）
2001年	77.8	13.19
2002年	87.7	8.53
2003年	98.4	13.76
2004年	118.3	15.05

数据来源：国家统计局

说明：2001年、2002年及2003年数据均不含针织服装产量。

图表：2000－2003年服装销售收入变化表

年份	销售收入	比去年同期增长%
2000	2043	16.94
2001	2405.5	13.2
2002	2687.6	12.14
2003	4056.4	23.3

数据来源：国家统计局

说明：该销售数据为国家统计局统计规模以上服装企业。

2.2 城市服装主要销售场所

走访所选城市，观察服装产品主要销售场所的情况，包括场所位置、场所周边商圈、场所内部的布置、所卖衣服的种类等，分辨出专卖店及产品的直接竞争对手，从而在自己经营店面的过程中趋利避害。

2.3 城市居民喜欢的服装品牌

可以设计一个调查问卷，让城市居民选出自己喜欢的服装品牌。之后对这些品牌进行调查，查出其产地及厂家、产品组合、主要的销售方式、服装主要特点及产品优势等信息，再结合自身的资金、店面情况选择适合自己销售的服装品牌。

2.4 服装业状况调查方法

对城市服装行业状况的调查方法也有多种，主要方法有以下六种。

一、查阅城市统计年鉴

统计年鉴涉及内容非常广泛，是很好的调查参考资料。

二、走访或咨询城市服装行业协会

所选城市的服装行业协会，是直接接触服装行业的机构，且与服装店、其他城市的服装行业等交流密切，因此该机构对服装的了解非常深入。行业协会还是城市服装行业的策划者和推广者，在服装行业中的地位非常重要，所以它是我们要走访的重点对象。

三、查阅城市服装资料

四、调查人员实地访查

实地访查可能比较费时间，但据此我们能够拿到最真实的资料，能够亲身体验到销售者和消费者的心理特征，可以作为我们店面经营过程中的重要参考。因此这一项调查必不可少。

五、消费者抽样调查

抽样调查采取直接访问的形式，消费者给出的通常是自己比较真实的情况，这对我们研究消费者的心理非常关键。

六、调查问卷

调查问卷采取不记名形式，大家给出的结果一般比较可靠。另外由于调查问卷被调查人群数量大，我们可以得出统计性结果，便于我们进行统计性分析。

第3节　服装店应该进入什么样的商圈

前两节我们对城市的宏观状况和服装行业状况进行了分析，需要注意的是，一个大的城市里是有很多商圈的，不同的商圈所需要的服装种类是不一样的，甚至有的商圈是不是能开服装店还是一个问题，所以对城市里的商圈进行分析也是非常重要的。另外对商圈的详细分析还是我们开店选址的重要依据。

广义的商圈指一个都市中有几个繁荣商业带的分布，如北京的西单、王府井等。狭义的商圈指以商店的所在地为中心，沿着一定的方向和距离扩展，吸引顾客的辐射范围，简单地说，也就是来店顾客所居住的地理范围（通常消费者愿意步行来购买商品的距离为500米以内，但有时也会受到四周一些自然或人为障碍的影响而发生改变，如道路、山河）。

3.1　商圈调查的重要性

第一，商圈调查可以预估商店坐落地点可能交易范围内的住户数、流动人口量等人口资料，并通过消费水准预估营业额等消费资料。对商圈的分析与调查，可以帮助经营者明确哪些是本店的基本顾客群，哪些是潜在顾客群，力求在保持基本顾客群的同时，着力吸引潜在顾客群。

第二，商圈调查可以帮助开店者了解预定门市坐落地点所在商圈的优缺点，从而决定是否为最适合开店的商圈。在选择店址时，应在明确商圈范围、了解商圈内消费分布状况及市场、非市场因素的有关资料的基础上，进行经营效益的评估，衡量店址的使用价值，按照设计的基本原则，选定适宜的地点，使商圈、店址、经营条件协调融合，创造经营优势。

第三，良好的商圈调查，可以使经营者了解店铺位置的优劣及顾客的需求与偏好，作为调整卖方商品组合的依据；可以让经营者依照调查资料订立明确的业绩目标。通过商圈分析，制订市场开拓战略，不断延伸触角，扩大商圈范围，提高市场占有率。

3.2 商圈的大小

商圈的大小主要跟所在地的交通情况有关。

商圈范围的划定因行业类别的不同而异，对服饰专卖店，主商圈半径大多为 50 米，次商圈为 50–150 米，辅助商圈为 150–250 米。

商圈基本上是没有形状的，然而为了方便计划，一般事前的规划可用圆形来为商圈推算。例如有以下各情况限制，可作为商圈范围的划分点：

（1）商圈半径以 500 米为限。

（2）马路的分界，凡超过 40 米宽的道路、四线道以上或中间有栏杆分隔、主要干道。

（3）铁路、平交道的阻隔：因铁路、平交道的阻隔，使人们交通受阻而划分成两个不同商圈。

（4）高架桥、地下通道阻隔：因安全岛阻隔，使人潮流动不易而划分成不同商圈。

（5）大水沟：因大水沟阻隔，使人潮流动不易而划分成不同商圈。

（6）单行道：因单行道阻隔，使人潮流动不易而划分成不同商圈。

（7）人潮走向（人潮走向是必须要考虑的要素）：由于人潮走向的购物习惯与人潮流动的方向，使该区形成一独立商圈。

3.3 商圈形态

商圈形态主要有：住宅区、商业区、金融区、办公区、文教区、工业区、娱乐区及综合区等。考虑到服装产品的特性及店铺租金成本等因素，专卖店应选择在商业区、金融区及办公区。

一、商业区

商业行业的集中区，其特色为商圈大、流动人口多、热闹、各种商店林立。其消费习性为快速、流行、娱乐、冲动购买及消费金额比较高等。

二、住宅区

该区户数多，至少须有1000户以上。住宅区的消费习性为消费群稳定，讲究便利性、亲切感，家庭用品购买率高等。

三、文教区

该区附近有大、中、小学校等。文教区的消费习性为消费群以学生居多，消费金额普遍不高，休闲食品、文教用品购买率高等。大学周边学生是主要消费者，学生经济能力不强，但随着生活水平的提高，学生受家长、其他同学及社会的影响，品牌意识也在逐渐加强。他们可能买不起很高档的品牌，但有很多中低档品牌他们是可以承受的，诸如Only、Veromode、淑女屋、美特斯邦威、以纯、森马等。

四、办公区

该区办公大楼林立。办公区的消费习性为便利性、外来人口多、消费水准较高等。

五、综合区

住商混合、住教混合。混合区具备单一商圈形态的消费特色，属多元化的消费习性。

3.4 商圈特征

一、商业活动频度高的地区。

在闹市区,商业活动极为频繁,把店铺设在这样的地区营业额必然高。这样的店址就是"寸土寸金"之地。相反如果在客流量较小的地方设店,营业额就很难提高。

二、人口密度高的地区。

居民聚居、人口集中的地方是适宜设置店铺的地方。在人口集中的地方,人们有着各种各样的对于商品的大量需要。如果店铺能够设在这样的地方,致力于满足人们的需要,那肯定会生意兴隆,另外此处店铺收入通常也比较稳定。

三、面向客流量多的街道。

店铺处在客流量最多的街道上,可使多数人购物都较为方便。

四、交通便利的地区。

比如在旅客上车、下车最多的车站,或者在几个主要车站的附近,也可以在顾客步行距离很近的街道设店。

五、接近人们聚集的场所。

比如电影院、公园、游乐场,舞厅等娱乐场所,或者大工厂、机关的附近。

六、同类商店聚集的街区。

大量事实证明,对于那些经营选购品、耐用品的商店来说,若能集中在某一个地段或街区,则更能招揽顾客。从顾客的角度来看,店面众多表示货品齐全,可比较参考,选择也较多,是有心购物者的当然选择。所以创业者不需害怕竞争,同业愈多,人气愈旺,业绩就愈好,因此店面也就会愈来愈多。许多城市已形成了种种专业街,如在广州,买服装要去北京路,买电器要去海印等,许多精明的顾客为了货比三家,往往不惜跑远路也要到专业街购物。

3.5 商圈分析的内容

商圈分析的内容主要由以下部分组成：

一、人口规模及特征

人口总量和密度；年龄分布；平均教育水平；拥有住房的居民百分比；总体可支配收入；人均可支配收入；职业分布；人口变化趋势；到城市购买商品的邻近农村地区顾客数量和收入水平。

二、劳动力保障

管理层的学历、工资水平；管理培训人员的学历、工资水平；普通员工的学历与工资水平。

三、供货来源

运输成本；运输与供货时间；制造商和批发商数目；可获得性与可靠性。

四、促销

媒体的可获得性与传达频率；成本与经费情况。

五、经济情况

主导产业；多角化程度；项目增长；免除经济和季节性波动的自由度。

六、竞争情况

现有竞争者的商业形式、位置、数量、规模、营业额、营业方针、经营风格、经营商品、服务对象；所有竞争者的优势与弱点分析；竞争的短期与长期变动；饱和程度。

七、商店区位的可获得性

区位的类型与数目；交通运输便利情况、车站的性质、交通联结状况、搬运状况、上下车旅客的数量和质量；自建与租借店铺的机会大小；城市规划；规定开店的主要区域以及哪些区域应避免开店；成本。

八、法规

税收；执照；营业限制；最低工资法；规划限制。

九、其他

租金；投资的最高金额；必要的停车条件等。

3.6 商圈内消费人口特征

常住人口数、家庭及构成、人口密度、教育程度、从事行业、自然增加率、人口增加率、家庭人均收入、白天流动人口数、年龄构成、家庭年支出及支出结构。

3.7 客流量大小

客流量的大小跟交通情况、商圈大小有关。应特别留意，尽管客流量很重要，但成功的重要因素在于潜在顾客的质量，即那些比较认同且欣赏本品牌服装风格的顾客。

3.8 同业及异业状况

同业的商户在一起，消费者也愿意去。因为这样的话，大家在买东西时，可以有选择性，可以货比三家，买到质量好、相对价格又便宜的东西。比如大型的服装批发市场等。在同一个商圈里同业之间既是竞争对手，也有可能优势互补，形成集聚效应。如在市场定位、经营定位及产品定位等方面不同的服装店铺积聚在一起，就会互相补充、差异竞争。

而在同一商圈内，异业之间则可能产生互动作用，带动整个商圈的人气。如服装店与周围的皮具店、鞋店、化妆品、表店及珠宝店等。因此对商圈内同业及异业状况进行调查分析是非常必要的。一般大型超市的人气都比较足，服装店建在大型超市附近会是一个不错的选择。

3.9 商圈的发展性

在调查中，不单要了解商圈现状，更要对其发展进行调查。如城市对这一地区的发展规划、交通状况进一步改善的可能性、周边环境的变化等。

3.10 商圈调查方法

一、查阅有关统计资料，走访城市或所选区的各种主管部门、统计部门、规划部门、商业部门。

二、实地观察法

三、抽样调查法

四、问卷调查法

3.11 用打分法锁定服装店商圈

在落实你的创业计划时，首先要考虑的就是如何去锁定适合自己经营的商圈。最常见的商圈类型有市级商业型、区级商业型、定点消费型、服务消费型、社区消费型及旅游消费型等。你根据经营的项目确定了商圈的类型后，接下来就需要用百分制的打分方法对商圈的等级、交通及前景三个方面进行评估、论证，看在这个商圈内适合不适合自己开店、能开多大规模的店。

3.11.1 商圈等级评估打分

商圈等级的高低直接代表着含金量的多少。我们可以用打分的办法来确定是黄金商圈还是白银商圈，或是黄铜商圈。如果商圈的等级评定占总分的65%，我们可从城市人口、收入水平、消费能力及商圈的年销售额四个方面来评估。如这个城市非农业人口为30万，年人均收入在1.5万元左右，年平均消费大于

5000元，商圈的年销售额在2亿元~3亿元，我们就可以把它定为具有65分值含金量的黄金商圈。一般来说，城市人口分值为10分，经济收入为15分，消费能力为15分，商圈年销售额为25分。当采用以上每项规定的分值进行评估时，总分为50分的便可确定为白银商圈，如果仅有30分则定为黄铜商圈。

3.11.2 商圈交通评估打分

通过这项评估打分主要是看这个商圈辐射功能的大小，能否通过方便快捷的公路、铁路及水路运输，把周边的购买力吸引过来，使商品实现跨市、跨区甚至跨省的大流通。我们给交通评估的总分值定为20分，那么在这个商圈内有一条公交线路通过应算1分，有一条地铁线路通过应算3分，有一条长途汽车线路通过应算6分，有一条火车线路通过应算8分，线路延伸的区域越远定的分值就越高。如在商圈的附近有大型停车场、宾馆等应算2分。

3.11.3 商圈前景预测打分

在一个未成熟的商圈开店，需要等5年的时间才具备赢利的条件。所以说，一个商圈的稳定度和成熟度对你的店铺的发展至关重要。近年来，各地加大了对商业区的规划与开发。但这些新建的商业街、商贸城发展的潜力大不大，成长性好不好，能形成旺市的概率高不高，总给人一种雾里看花的感觉。对此，我们也可采用打分的办法来消除这些疑虑。我们如果把前景预测的总分值定为15分的话，就可以从权属优势、传统优势、品牌优势及产业优势四个方面来评估打分。就权属优势而言，政府牵头进行规划开发的商圈可以算4分，对传统的集市加以改造而成的商圈应算5分，当这个商圈内的知名品牌店铺能达到30%时应算3分，这个商圈周围有密集的工业品或农产品生产基地可算3分。这种打分办法，基本可以对这个商圈的发展快慢、前景好坏作出初步判断。

第三章
装修设计影响小店的效益

- 第 1 节　装修材料的选择
- 第 2 节　服装店主要区域的装修要点
- 第 3 节　装修过程中的点点滴滴
- 第 4 节　设计不一样的店内照明
- 第 5 节　设计舒适的试衣间
- 第 6 节　收银台设计要点
- 第 7 节　服装店的背景音乐不容忽视
- 第 8 节　装修的几个错误倾向

第1节　装修材料的选择

1.1　装修的主要材料

一、外墙装饰材料

外墙装饰是建筑装饰的重要内容之一，其目的在于提高墙体抵抗自然界中各种因素如灰尘、雨雪、冰冻、日晒等侵袭破坏的能力，并与墙体结构一起共同满足保温、隔热、隔声、防水、美化等功能要求。

常用的外墙装饰材料有：

1. 外墙涂料类。

涂料是指涂敷于物体表面能与基层牢固粘结并形成完整而坚韧保护膜的材料。建筑涂料是现代建筑装饰材料中较为经济的一种材料，施工简单、工期短、工效高、装饰效果好、维修方便。

2. 陶瓷类装饰材料。

陶瓷外墙面砖坚固耐用，色彩鲜艳而具有丰富的装饰效果，并具有易清洗、防火、抗水、耐磨、耐腐蚀和维修费用低的优点。

3. 建筑装饰石材。

包括天然饰面石材（大理石、花岗石）和人造石材。天然饰面石材装饰效果好、耐久，但造价高。人造石材具有重量轻、强度高、耐腐蚀、价格低、施工方便等优点。

二、内墙装饰材料

创业指向标

内墙装饰是室内装饰的一部分，它兼顾装饰室内空间、满足使用要求和保护结构等多种功能。

常用的内墙装饰材料有：

1. 内墙涂料类。

种类很多，颜色多样，装饰效果好，可满足不同的使用环境要求。

2. 镜糊类。

指壁纸、墙布类装饰材料。镜糊类装饰具有颜色丰富、花样繁多、可擦洗、耐污染、粘贴方便等优点。

3. 饰面石材。

天然饰面石材中用于内墙装饰的是大理石，各种人造饰面板（人造大理石、预制水磨石板）也广泛用于内墙装饰。

4. 釉面砖。

常见的釉面砖有白色、彩色、印花彩色、彩色拼图及彩色壁画等多种，釉面砖表面光滑、美观、易清洁、抗水、防水。

5. 刷浆类材料。

适用于内墙刷浆工程的材料有石灰浆、大白浆、色粉浆、可赛银浆等。

6. 墙饰面板。

有塑料贴面板、纤维板、金属饰面板、胶合板饰面板等。

三、地面装饰材料

常用的地面装饰材料有如下几种。

1. 木地板。

是一种传统的地面材料。木地板古朴大方、有弹性、行走舒适、美观隔声、价格较高，是一种较高级的地面装饰材料。

2. 石材。

铺地用石材主要是天然大理石和花岗石。它们高雅华丽、装饰效果好，但价格贵，是一种高级地面装饰材料。

3. 塑料地板。

与涂料、地毯相比，塑料地板使用性能较好、适应性强、耐腐蚀、行走舒适、花色品种多、装饰效果好；而且价格适中。

4. 地毯。

纯毛地毯质地优良，柔软弹性好，美观高贵，但价格昂贵，且易虫蛀霉变。化纤地毯重量轻、耐磨、富有弹性而脚感舒适，色彩鲜艳且价格低于纯毛地毯。

四、吊顶装饰材料

不同功能的建筑和建筑空间对吊顶装饰材料的要求也不尽一致。吊顶装饰材料有纸面石膏板、纸面石膏装饰吸声板、石膏装饰吸声板、矿棉装饰吸声板、聚氯乙烯塑料天花板、金属微穿孔吸声板、贴塑矿棉装饰板、膨胀珍珠岩装饰吸音板等。

1.2 服装店装修窍门——墙纸选购指南

1.2.1 为何选购墙纸

其一，墙纸在装饰装修材料当中是最环保的材料品种，不但在使用中对人体无害，而且从原材料到成品的生产过程中，对环境也不产生污染。墙纸粘合剂也是非常环保的，是用粮食淀粉制造而成。

其二，款式花色品种繁多，不论是什么风格的装修，在什么场所使用，都有配套的款式。

其三，价格方面可以满足不同层次的需要。

其四，使用方便，经久耐用，可擦可洗，更换容易。一般正常使用10年没有问题。轻微的污迹用湿抹布即可擦掉，严重的如油烟颜色、食品残渣、钢笔涂鸦，用抹布或牙刷蘸家用清洁剂即可擦掉。

1.2.2 怎样选购适合自己的墙纸

一、首先确定装修的总体造价和总体装修风格以及装修的主体材料。

二、墙纸应占装修总造价的10~15%，地板应占装修总造价的10~15%，基础材料应占装修总造价的 15～20%，卫生洁具费用应占装修总造价的 15～20%，电料五金应占装修总造价的 10～15%，工资费用应占装修总造价的 10～15%。

比如准备用 5 万元装修一个店铺，在墙纸的选购中就应投资 5000 至 7500 元，这样就可以使装修配套。

三、风格的确定非常重要，在选择品种花色时第一要遵循配套风格。第二要适合使用的场所，如童装店应力求生动活泼；少女服装店应力求青春浪漫；男装店应力求大方简约。第三要符合自己的审美观点和色彩的搭配。可请墙纸销售人员推荐几款适当的品种，再从中选定，这样可以避免不必要的麻烦。

1.2.3 怎样测算墙纸的使用数量

第一，一般的估算是按照您房间地面使用面积的 2.5 至 3.5 倍计算，视门窗的大小和多少而定。

第二，专人实地测量也会存在误差，因为墙纸花型的距离有所不同，可临时更改品种或使用面积。

1.2.4 选购注意事项

第一，在购买墙纸时，如果是估算的面积，尽量不要多买，使用中如果不够可以再买，如果多了就不好再退。因为墙纸不同于一般的材料，它存在批次问题。

第二，墙纸表面有污渍、整卷的墙纸有断头、印刷不完整等现象是不合格商品，如有发现马上停工，要求退换。

1.2.5 墙纸使用小窍门

其一，天花纸可以重复使用。第一次粘贴房间顶部若干年，一般 3～5 年为宜，可以考虑更换一次。这时只需要购买一桶乳胶漆刷一遍即可，非常省时省力，费用也少，效果跟新的没有两样。也就是说，墙纸表面可以再利用，这样非常环保。

其二，家具、门窗、壁柜、桌子，都可以用墙纸粘贴，这样您的墙纸在使用中可以减少浪费。粘贴墙壁时的多余纸头可以充分利用。

1.3 店铺装潢设计实用知识

店面装修设计，对门面的装饰至关重要。商业性门店量大面广，经营服务的项目和种类繁多，店面装潢由于在城市中所处的环境各异，其规模和设施的标准也各有不同。因此，对店面装修设计的内容和具体要求也就不可能规定出统一的标准。正如办公室装修设计有办公室装修设计的基本要求，卧室装修设计有卧室装修设计的基本要求，店面装修也不例外。

第一，店面的立面造型与周围建筑的形式和风格应基本统一；墙面划分与建筑物的体量、比例及立面尺度的关系较为适宜；店面装饰的各种形式美因素的组合，应做到重点突出，主从明确，对比变化富有节奏和韵律感。

第二，人口与橱窗是店面的重点部位，其位置、尺寸及布置方式要根据商店的平面形式、地段环境、店面宽度等具体条件确定。商店人口和橱窗与匾牌、广告、标志及店徽等的位置尺度应与店面装潢相宜并有明显的识别性与导向性。

第三，充分利用并组织好店面的边缘空间，如商店前沿骑楼、柱廊、悬挑雨篷下的临街活动空间等。这些边缘空间，既是商店室内空间的向外扩展，又是室外商业街道的向内延伸，是商场内部与外部环境的中介空间，也是人流集散、滞留和街巷人行步道系统的空间节点。这种空间应具有宽敞、灵活、方便购物并可供人稍事休憩及观览的功能特点。

第四，店面装饰的色彩处理，对完美店面的造形效果起着重要作用。店面装潢应充分运用色彩的对比与和谐，以达到加强造型的艺术特点，丰富造型的效果，创造较理想的视觉魅力。在一般情况下，店面的色彩基调以高明度暖色调为宜，突出的构件或重点部位可依其形体特点及体现商业建筑装饰气氛的需要，配以相应的对比色彩。为突出商店的识别性，店面的牌、标徽图案及标志物等，还可采用高纯度的鲜明色彩，给人以醒目的展示。

第五，适用于店面装饰的材料种类繁多，店面装潢应正确地运用材料的质感、纹理和自然色彩。店面装潢同时，店面装饰基本上同于建筑外墙及屋面装饰，应考虑其材质坚固耐用，能够抵御风雨侵袭并有一定的抗曝晒、抗冰冻及抗腐蚀能力。

1.4 选装修公司时需要注意的

一、检查其资质证书和营业执照

要仔细地看营业执照的经营范围、是否有建筑部门颁发的准营证。需要注意的是，有的公司提供的是复印件，它就有可能是挂靠在别的装饰公司下面的，或者是冒用他人的证件甚至伪造证件，所以最好是看原件。另外如果提供设计的话，是否还有特殊经营许可证。能具备这些证件的公司应该说是一家正规的公司。

二、人员素质

正规公司的接待人员都有极其丰富的知识，对一般的问题都会给予准确的解答；另外，有的设计人员也直接接待客户。你可以拿房子的图纸请他们设计一下，好的设计师会根据你的要求设计几套方案供你选择。

三、业务水平

正规公司都有辉煌的经历，承接过许多项目，会提供以前客户的图纸，一则供你参考，再则也显示其实力。那些满口承诺、胸脯拍得山响、不断贬低同行的公司不可信，因为往往最后出现各种各样问题的公司就是那些之前号称没问题的公司。

四、有无标准合同和正规发票

正规公司都有标准合同文本，对施工要求、质量等都有严格的规定，并且在施工期间为客户派一名监理以协调双方，在工程结束后会出具正规发票并提供相应的保修期限。而有的公司则以收据（甚至是在文具店买的那种）代替发票或干脆不开发票,仅以口头保证,将来一旦发生纠纷就很难解决。

1.5 装修运作方式的选择

一、找装修队伍的方式

1. 直接找装饰队伍。

这种方法具有一定的风险,主要是对施工单位不了解。

2. 到家庭装修市场找装饰队伍。

是一种比较节省精力的方式。

3. 通过中介确定施工队伍。

中介有两种情况,一种是通过亲朋好友介绍,这种方法受中介方接触行业的广度、深度的限制;另一种是通过专业的服务组织进行介绍,由其介绍的队伍应该是安全可靠的。

4. 通过网络确定施工队伍。

这是一种全新的方式,相对节省金钱和时间。

二、省钱途径

1. 精心的策划和完美的设计是省钱的第一途径。

2. 采用"画龙点睛"的方法。

重点装修的地方,可选用高档材料、精细的做工;其他部位的装修采取简洁、明快的办法,材料普通化,做工简单化。

3. 依托装修公司是省钱的捷径。

装修公司在选材上有固定网点,材料优价;在施工上有经验,做工精细;服务上有配套,质量保证。因此,最好不要自己直接请工人施工,那样表面省钱,实际可能因为您的错误选择而造成更大的经济损失。

4. 遵循规矩,把好预算决算关。

在施工过程中难免出现变动修改,应参照原始项目单做好过程记录,以便决

算中清理增减项目。

三、装修五步骤

1. 制订方案，选择档次：高档、中档、低档；
2. 规划设计，合理布置：提供需摆放的物品清单；
3. 了解行情，掌握价格：大致了解材料价格；
4. 签订合同，相互约束：避免投诉；
5. 对照合同，验收工程：发现问题，及时解决。

1.6 影响装修预算的四个因素

一、材料价格是报价的基础

材料的质量也是决定价格的因素之一，质地结实、做工好的相对贵些，反之，则相对便宜；另外就是品牌，名牌、声誉好的材料肯定比无名小厂的要贵些。

二、工艺好坏影响最终报价

指施工人员的施工水平和制作水平。在材料相同的情况下，工人的手艺直接影响到装修质量。手艺好、训练有素的施工人员，要价自然高。

三、有施工管理要多花费用

施工过程复杂，各工种的交叉作业，工序的先后顺序对保证施工质量都至关重要。请有专门人员管理施工的正规装饰公司就要多花些费用。

四、装修公司资质

优秀的装饰公司要有办公室、设计部、工程监理部、材料配套中心、财务部、审计部等。这些都需要一定的费用，而这些费用自然会体现在价格上。

1.7 装修预算五个陷阱

一、拉低某个单项的价格

比如有个业主知道地板、瓷砖目前的单价，但是他并不一定了解地板安装、贴瓷砖的人工费用，于是他把地板、瓷砖的价格砍下来了，却在人工费用上吃了亏。

化解办法：看装修报价单，不要只盯牢某个项目的单项价格，而是要综合人工、损耗、机械等各方面以及其他项目的费用来看。如果发现某个价格特别低，那么你就得审查其他项目的价格了。

二、遗漏某些硬装修的主材

装修报价单上被刻意遗漏了某些主材，业主被这种整体价格合理的报价单吸引而爽快签约，但在接下来的装修过程中业主将为装修公司这些恶意的遗忘而不断地往外掏钱。

化解办法：先小人后君子，根据设计图纸，要求在装修合同或者协议上写清楚所有主材，且标明购买者是装修公司还是业主自己。通常比较容易被遗漏的主材是背景墙、吊顶等用于角落的材料。

三、模糊所选主材的品质、级别、规格

这是不规范的装修公司较为常用的伎俩，虽然写明了需要某些材料，表明了材料需要的数量，但是却没有说明到底选用什么品质的、什么品牌的、什么规格的材料。

化解办法：要求装修公司明确地将所用材料的品质、级别、规格型号等参数在预算表上标注出来，以供日后安装、使用时参考。

四、偷换材料计量单位

业主很少注意到报价单上的单位，不太了解不同的单位意味着报价数字偏差很大。比如定做一个鞋柜，貌似很合理的样子，其实关于鞋柜的尺寸大小没有说明，就给后来的装修者留足了钻空子的机会。

1.8 装修材料进门的验收工作

在装修过程中，与装饰材料有关的纠纷非常之多。总结其原因，无外乎人们常说的"施工方以次充好",以及"业主的材料供应影响施工进度和质量"。而且,由于合同甲方在材料方面知识的淡薄,发生有关材料的扯皮问题也是很常见的。那么合同的甲乙双方怎样操作才能避免此类情况的发生呢?

一、根据合同制定材料采购计划

1. 甲方的材料采购计划。

在装修时,甲方(业主)的材料采购计划大多需要乙方(也就是施工方)来协助制定。这是因为,准备装修的人都转过很多建材城,咨询过很多材料商,但是,具体到采购哪些材料以及采购多少,甚至这些材料的实际价格,都需要装饰公司来帮忙拿出具体数。因此,甲方的材料采购计划,大多包含了很多乙方的心血。如果业主在制作材料采购计划时得不到乙方的支持,计划在实施时,就很有可能出现某些偏差。

2. 乙方的材料采购计划。

合同的乙方(也就是装饰公司),在制定材料采购计划时需要注意的是,应该严格执行甲乙双方签订的家装合同中规定的有关材料采购的条款,尤其是主要材料的采购规定。

提示:材料采购计划的制定,第一可以帮助采购方做到采购材料费用心中有数,不至于出现费用以及数量超标;第二,可以让合同的执行人严格执行合同的施工时间表。

二、材料的验收

1. 通知合同另一方材料验收的时间。

材料采购以后,采购方就需要通知合同的另一方准备对材料进行验收。而且这个验收最好是安排在材料进场时立即进行。所以,约定验收时间非常必要。

2. 材料验收时合同中规定的验收人员必须到场。

无论是家装行业内的人士还是消费者,似乎对合同都没有上升到法律角度的那种意识。但是,家装合同本身就是一份法律文书,如果不认真对待就有可能出现不必要的麻烦。以材料验收为例:在家装合同的有关章节中,笔者曾经建议,材料验收应该明确验收人。但是，在实际操作中，合同的甲乙双方往往对合同中规定好的材料验收人没有认真对待。也许验收时规定的验收人不到场（验收人员又没有合同约定的验收人授权），也许验收人到场但没有负起验收的责任。严格意义上讲，这样做都存在法律上的漏洞。

3. 验收程序必须严格。

验收人对合同中规定的每一个材料约定都应该进行必要的检查，如材料质量、材料规格、材料数量。

4. 合同中规定的验收人应在验收单上签字。

如果检查结果材料合格，验收人就应该在材料验收单上签字。这样做才是一个较完整的过程。

第2节　服装店主要区域的装修要点

2.1　门面的外观与门头字体、大小要符合

风格决定了门面的外观及颜色搭配，门头的字体、大小和颜色也要与门面的外观相符合。门头的字体风格应力求简洁易记，让人一眼能记住突出的风格。

2.2　收银台的设置

可能有的店主认为设置收银台没必要，但是再小的店也要有收银台，且这不是简简单单一个桌子能代替的。收银台的颜色也要和店面墙壁以及门头的颜色有结合或者呼应，最简单的办法就是和门头颜色一样（是门头不是字体）。收银台的位置，应该放在死角或者不占陈列面积的位置为宜，而且一定要和试衣间靠近。

2.3　试衣间的设置

试衣间的颜色最好是在和店内颜色搭配的同时能显眼一点。试衣间里边需要细心布置一下，温馨以及方便的挂衣钩和座凳是必不可少的。试衣间的具体位置宜位于死角或者不占陈列面积的地方；和收银台靠近为宜。

2.4 休息处的设置

如果店面不是太小,一定要设休息的位置。

一方面,如果是女装店,女孩子可能逛街逛累了,顺便到店里休息一下,休息的过程中可能就会看看店里的衣服;假如是男友陪逛的,一般男人不大喜欢看衣服,这时,他恰好可以坐在休息的位置看书看报纸。

如果是鞋店,休息处既可以用来让顾客试鞋,也可以作为休息的地方。

如果是童装店,小店地方足够大的话,可以做个儿童乐园或放些儿童玩具甚至婴儿车在里面。

不管你的休息处是两把椅子,还是很大气的沙发和茶几,最好都要保证和试衣间之间的通道顺畅。休息处不宜占用面积过大。为了让人感觉舒适,最好旁边放一个饮水机和几本杂志,或者本店的画册和近期的宣传品。

总之多替顾客考虑,站在顾客的位置考虑问题,是不会错的。

2.5 店铺以及外观颜色

店铺里服装和装修的色彩要统一,要很和谐地融为一体,让人一眼就能看出卖场的主色调。比如主营少女装的服装店,主色调以粉色为宜;服装以黑白色调为主的服装店,主色调以黑白色为主。但这里说的统一不是让服装和装修色彩完全一致,那样会让卖场显得很单调呆板,应该让局部有对比并服从整体。

颜色对店铺的影响非常之大,而颜色又基本定位了你的风格和年龄段。一般来说,白、蓝、黄虽然比较常见,但都不会用在时尚店面上。白一般是正装店铺的主色调,黄则多为童装店的主打色。而我们所装的店面(这里拿时尚女装店来说)应该适当选择黑、大红、灰、亮白、银等一些比较年轻化和时尚气息比较浓的颜色。店铺内外的主体颜色应合理搭配,并且一定要和你经营风格的类型等有

一定联系性。店内的主体颜色不要超过三个；这道理就和我们穿衣服一样，全身上下颜色以不超过三种为宜，否则穿衣效果会大打折扣。

2.6 陈列道具

关于服装店陈列道具，有人喜欢用正规的道具，有人喜欢自己做造型。但是，很多人做出来的东西并不实用。对此，建议大家多观察一下大牌店的道具应用，也许能够得到启发。任何道具在使用之前，都应该想好它的实际应用效果。

切记，在选择道具方面，颜色要和整个店面的颜色风格相搭配。不可千篇一律地使用一种造型，更不可根本就没什么造型可言。举个例子，有的店面全是正面展示，根本就挂不了几个款；而有的全是侧挂，全靠顾客一件一件在支架上挑选和员工推荐。正面陈列和侧挂适当结合最好。大气的店面应该陈列简单、大气、给人高档的感觉；而小店则应该强调个性，给人藏龙卧虎的感觉。

2.7 巧妙利用死角

每个店铺都有死角，也就是店里一些不太显眼的角落。如果处理不好，那死角就真成死角了。若能巧妙处理，便可变废为宝，比如我们可以把收银台和试衣间设置在死角位置，并且把两者设在一起还利于生意的促成；或者我们还可以在死角处放些卡通图片、可爱的小玩具等，让死角发光；或者我们可以放一面或多面镜子，这样不仅可以充分利用死角的空间，还可以使小店看起来空间更大，视野更为开阔。

第3节　装修过程中的点点滴滴

3.1　合理选择装修时间

一年中装修的高峰期一般在春季，就是刚过完年的那一段时间，另外就是7月和8月份。一般刚过完年，服装店装修的房子大多数都是刚盘下来的店面。而7月和8月装修的店面多数是想提升店铺形象。按照一年的销售情况来讲，8月应该是最淡的一个季节，如果不是新盘下来的店面，在这个季节装修应该是相对损失比较少的。毕竟这个时间段，特别是后半个月业绩相当平淡。

3.2　装修预算

最好预算一下下次服装店装修的时间和这段时间里的大概盈利情况，店主要衡量自己的盈利情况，适当运用装修资金。除了店面装修，还要考虑一下其他方面，总体的提升才会有更大的业绩。预算方面最好是按一年装修一次的计划来预算，特别是经营时尚女装类型的朋友，毕竟流行趋势变幻莫测，外部包装确实是给顾客的最直观的印象。

3.3　装修实施

最好找一些有装修店面经验的装修工来做，而且一直在现场监督施工，具体怎么做要具体地给装修工人讲解，避免重复施工，费工又费时。

另外，装修时间要提前讲好，时间越短越好，但是前提是必须保证质量。还有些情况，比如有些地方是自己想好了怎么弄，但是实际操作过程中遇到些困难，这个时候要灵活掌握，懂得变通，能出来相同的效果就行；对于材质的选择上，不建议使用较昂贵的，只要外观上能达到理想效果就可以，毕竟店面装修变动周期较短。另外，如果有的地方达不到理想的效果，可以考虑换个思路，前提是要和整体风格相协调。

3.4 装修完毕的一些细节

装修时，尽量选用绿色环保的装修材料，这样可以最大限度地避免室内污染。如果还是有难闻的气味，可以考虑以下几种方法：

第一，适当打开不直接风干墙顶的一面窗户，进行通风；

第二，用面盆或者小水桶之类的盛器打满凉水，然后加入适量食醋放在通风房间，这样既可适量蒸发水份保护墙顶涂料面，又可吸收消除残留异味；

第三，如经济条件允许的话，可买些菠萝放在刚装修完的屋子里，大的房间可多放几个。因为菠萝是粗纤维类水果，既可以吸收油漆味又可以散发菠萝的清香味道，用它来祛除房间异味，两全其美。

第4节　设计不一样的店内照明

在服装卖场中灯光起着关键的作用，同样一件衣服打光和不设灯光出来的展示效果完全不同，特别是由模特进行单件展示的，一定要用射灯进行烘托。灯光的颜色也要适当，蓝色光给人很冰凉、冷酷、迷幻的感觉（适合夏装），黄色光给人很温暖的感觉（适合冬装）。

照明是塑造时装店形象的重要工具，选择时应充分考虑目标顾客。

服装的品牌都有自己固有的形象，极少允许改变，这使时装店很难有自己的特色。而吸引顾客的却正是时装店的特色。因此，赋予时装店以自己的个性，使它能够区别于其他店铺，并在顾客心目中形象突出，是一项艰巨的任务。

照明区域的灵活性可以使店主在塑造店铺形象时游刃有余。照明选择可以充分突出主要产品，以引导顾客的注意力转移，可以逐步地来满足顾客的品味和要求。为了分析得更清楚，下文将逐项介绍关于店内照明的知识。

4.1　高级品牌专卖店的照明

相对较低的基本照度（300LUX），暖色调（2500~3000K）和很好的显色性（Ra>90）。使用许多装饰性射灯营造戏剧性效果（AF 15~30∶1），以吸引消费者对最新流行时尚的注意，并配合专卖店的氛围。

4.2 普通时装店的照明效果

平均照度为（300~500 LUX），自然色调（3000~3500K）和很好的显色性（Ra>90）。结合使用大量重点照明营造轻松且富戏剧性的氛围（AF 10~20∶1）。

4.3 大众化商店的照明

较高的基本照度（500~1000 LUX），冷色调（4000K），较好的显色性（Ra>80），营造一种亲切随意的氛围。使用很少的射灯突出商店中特定区域的特殊商品。

对于所有类型的服装店来说，直接照射在衣服上的光线应该比较明亮（>1000LUX）。在第一种类型的品牌专卖店中建议使用高显色钠灯（2500K），而在其他两种类型时装店中建议使用卤素灯或直管荧光灯具（3000~3500K）。较好的显色性（Ra>80）可以引导顾客作出购买决定。

4.4 服装展示区的灯光设计

展示区中采用多种美工设计来展示店铺内模特所穿的服装最完美的一面。展示时应采用戏剧性（AF 30∶1）到低戏剧性（AF5∶1）效果。较亮的光线比较容易显示陈列商品的可见度。例如身着晚礼服站在餐桌边的模特儿，建议采用高显色钠灯或卤素灯，而金属卤化物灯则更适合照亮沙滩服饰。对于较便宜的商店而言，一个节能管筒灯可以提供展示区内的额外光线。

4.5 服装店的橱窗照明设计

橱窗的照明一般包括橱窗背面的背景灯光，如荧光灯或白炽灯的基本照明，

以及橱窗前面上部的投光灯和下部的脚光照明。运用背景灯光和基本照明灯光使整个橱窗变得显眼、突出，橱窗的照明光亮度和过路人被吸引停留的比率成正比。投光灯突出商品的立体感、造型和色彩图案，也可以加滤光片，制造戏剧性的效果。脚光照明起辅助灯光的作用，消除服装模特着装后被投光灯照射所带来的阴影。重点商品照明时，应考虑服装面料的放射光，特别是近年来流行加涂层的面料，在作气氛灯光的设计时要特别注意，可以通过改变灯具的方向和角度来改善。强光照明时留出少量灯光补充顶棚，改善它的阴暗面，也可对墙角进行补充照明。装饰用的灯具照度不要太强，不要兼作基本照明灯光。

4.6 照明灯具的种类

1. S/MBN210：白色高压钠灯，金属卤化物灯
2. 320/330：低压卤素灯
4. MBS101：双端金属卤化物灯
5. MBS205：双端金属卤化物灯
6. TCS607：TLD 荧光灯
7. TCS605：TLD 荧光灯
8. 320/330：低压卤素灯
9. SBS145：白色高压钠灯
10. 60400：玻璃射胆
11. TCS605：TLD 荧光灯
12. TBS100/M2：TLD 荧光灯
13. 60800：白色高压钠灯
14. QCN210：低压卤素灯
15. FBS145：PLC 紧凑型荧光灯

创业指向标

第5节　设计舒适的试衣间

看到好看的衣服，人们就想试一试，因此在服装店里试衣间是必不可少的。试衣间的舒适与否关系到顾客对衣服的感觉，如果试衣间里面没有镜子，难免略感遗憾；因为有的人只需要在里面试着合适不合适就可以了，不愿意再从试衣间里出来照镜子，以免显得突兀。国内很多品牌也都还停留在"给顾客一个试衣服的地方"这个肤浅的理念上，没有更深入地去挖掘消费者在试衣时的各种需求，以及试衣间留给他们的影响和体会。

试衣间文化，是服装企业品牌文化经营中不可遗忘，甚至可以说是至关重要的一部分。可是遍览商场各大服装品牌，真正重视和做好这个小细节的寥寥无几。

实际上，在这个小小的空间里蕴藏着大文化大文章，它设计的好坏直接影响着顾客对品牌的印象，直接关系着他们的购买行为。因此，试衣间是绝对不能忽视的角落，试衣间文化的经营是品牌文化筑建中至关重要的一部分，也是履行"以人为本、顾客至上"承诺的重要体现。下面就对目前的试衣间的现状和问题进行一定的分析，并对怎样经营试衣间文化进行些许探讨。

5.1　国内品牌试衣间的普遍现状

国内服装品牌在试衣间经营上的问题归根结底是没有把它当做品牌文化经营的一部分，没把它看做文化宣传的重要窗口，大多数还是处于"凑合"状态。为了给卖场展厅留更多的空间，有的试衣间竟然被压缩到不足一平方米，给顾客带来一种严重的压抑和憋屈的感觉；有的试衣间内竟然连挂钩、试衣凳都没有；试衣鞋一般以拖鞋代替，既没考虑顾客的搭配问题，也没考虑顾客的健康（很少见到一次性的袜套）。

这些只是试衣间在硬件方面的功能性作用，可是目前国内很多品牌都没有做好，更谈不上他们对试衣间软件方面的建设和经营。这就迫切要求企业重视试衣间的经营，把它的经营纳入品牌经营的范围，要认识到它是顾客体验品牌文化的重要一站，是品牌文化传播的重要窗口。

5.2 怎样经营试衣间文化

试衣间文化的经营不是一个简单的问题，它需要用立体的、系统的角度去审视，秉着"以人为本、顾客至上"的原则，用一种更人性化、更生活化的思维方式去诠释试衣间的试衣服务。怀揣宣传品牌形象、品牌文化、推动品牌销售的责任，用一种更艺术化、功能化的方法去理解试衣间的每一个角落，你会发现，在试衣间里设计无处不在！

具体地说，试衣间文化的经营，就是在人文关怀的宗旨下，让顾客在视觉、听觉、触觉、嗅觉上都能充分感受到品牌的独特魅力，让他们在试衣过程中感到不是在煎熬，而是在享受。

5.2.1 试衣间需要有与品牌形象一致的视觉冲击力

有很多品牌，对专卖店的外部形象和内部陈设都进行了统一、精心的设计和打造，但是对于试衣间的形象经营并未给予相应的关注。这就造成店面和试衣间感觉脱节的现象，使顾客进入试衣间后就好像进入另一个世界，刚刚建立起来的美好视觉享受在进入试衣间的那个瞬间出现了断层，莫名的失落感油然而生，于是开始怀疑刚刚建立起来的品牌印象，开始质疑服装的价格和品质，一切的一切可能就因为一瞬间的失落而被刻上一个大大的问号。

试衣间的设计应该得到各品牌极大的关注，在整体视觉上，在灯光、色彩、格局等各方面的设计上都应该保持与品牌整体形象一致的个性和美感。要知道，完美的试衣间形象，体现的是一个精致讲究的品牌形象，通过它可以让消费者看到品牌中蕴涵的气质，这也许比广告语、宣传册更加具有不言而喻的说服力。

当然，仅仅是考虑纯粹的美观效应是不够的，美观的背后应该要蕴涵着些许特殊的内容。把试衣间最基本的功能性融入其中，这些自然就包括了试衣镜、试衣凳、挂衣钩（或挂衣架）的设计和摆放，以及其他顾客所需品的准备。另外在设计试衣间时，绝对不能忘记它对产品的宣传和推荐作用，新品海报或者实物的放置都是值得引用的方案，也是值得好好斟酌的设计点。

5.2.2 听觉和嗅觉对试衣者的影响力也尤为重大

顾客在试衣服的过程中，听觉和嗅觉会在很大的程度上影响着她们的情绪，因此要学会关注顾客听觉和嗅觉的感受。在音乐方面，一般来说，可以和卖场的音乐保持一致，只要保证试衣间内有自己的音像设备，能听到卖场的音乐就好。但在味道方面，却需要给予更多的关注。

这个关注点主要应放在两个方面，一是要及时关注试衣间内鞋子的卫生情况，及时清洗和更换，以免给小空间带来异味。另外一个关注点是在试衣间的香料或者其他香源的选择上，产品首先要对身体无害，另外香气要能给顾客带来轻松舒适的感觉。

5.2.3 顾客的触觉感受我们不能不关注

顾客的触觉主要是指顾客在试衣间内的肢体感受。在设计试衣间时，我们应该充分考虑顾客在那个小空间内是否会感觉到肢体拘束、憋屈，以及她们在试衣过程中各个环节的舒适程度。这就要求我们的试衣间要能满足顾客的要求，一般来说要求试衣间的占地面积最低不能低于1.5平方米，高度不低于2米。

另外试衣间内的试衣镜、挂衣钩、挂架以及试衣凳的摆放位置和方式都要充分考虑到人体学、考虑到顾客的便利程度，使顾客能轻松、舒适地试衣，从而无形中感受到品牌的人性化服务、人文主义的关怀。

5.2.4 我们要关注顾客在试衣间的内心感受

服务的最高境界就是能与顾客进行心与心的交流，用我们的真诚与贴心去感动她们，温暖她们，想顾客之所想，甚至想顾客之未想。在试衣间这个小空间内，也可以体现我们对顾客心灵的关怀，比如在试衣间内送上温馨的提示"您试衣时小心哦，高跟鞋容易摔倒！"或者贴心的赞美"自信的您，好漂亮哦！"等等。当然，这些表示心灵关怀的语言也要根据品牌的风格和目标顾客的特点来进行设计，用这个小环境彰显品牌的文化、体现品牌魅力。

5.2.5 童装店也需要试衣间

7岁的小影，满脸的不高兴，原因是跟妈妈在商场里逛了一下午也没有给自己买到合适的裙子，妈妈则一直责怪女儿不肯试衣服。原来在商场里的童装品牌专柜大多没有设立试衣间，小影死活不肯当众换衣服。小影看中的一条裙子，由于没有试穿，妈妈没有贸然出手买下，从而引起了母女之间的矛盾。

童装销售终端需不需要试衣间？答案是肯定的。

在商场里租设铺位，业主是"惜土如金"。一方面，由于童装与成人装的销售额有比较大的差距，一般商场基于经营压力，会把较大的区域让给女装这样成效高、盈利大的服装类别，童装区面积自然就小了。再加上很多经营者都忽略了小孩子的隐私权问题，在规划的时候，对有无试衣间并不在意。在经营面积不能扩大的情况下，又很难再辟出新的面积作试衣间。

试衣间能带来什么？

试衣间真的不产生效益么？T100时尚亲子装、香港缔造一百服饰集团的董事长董文梅不这样认为，她说："试衣间虽然不能像陈列展示面积那样直接吸引顾客，但是作为顾客亲密接触的终端设施，会引起很多消费者的情感认同。从人性的角度来说，如果一个品牌能够提供周到的服务，消费者会觉得这个品牌是很细心的、不势利的、贴心的，自然会对品牌产生好感，提高销售的成功率。小顾客愿意进试衣间，享受这种试衣的感觉，也会对销售有提升作用。"

另一方面，从需求的角度出发，童装试衣间似乎也成了众多消费者呼吁的设施。儿童心理学家陈秀峰分析："3~7岁的儿童自我意识已经初步发展起来，主体意识到自己的外部行为和内心活动，清楚地认识到自己有别于他人，在面对陌

创业指向标

生环境时会产生害羞的情绪；同时，这个时期也是儿童学习各种规则的重要时期。让孩子知道在公共场合当众换衣服，是对他人和自己的不尊重，在试衣间里试衣服是非常有必要的。"

怎样打造一个让小顾客喜欢的试衣间？北京"水孩儿"童装陈列部黄小姐提出了打造童装试衣间的几个要点：首先，儿童试衣间要求面积大一些，要考虑到家长也要在试衣间里照顾小朋友换衣服的情况；其次，试衣间里配置的物品要根据儿童的特点来布置，成人装试衣间准备一双拖鞋就可以了，但是儿童试衣间则需要准备一个地垫，还有试衣凳；再者，成人装试衣间考虑到隐密性多使用可以上锁的门，但儿童应考虑到安全和使用方便问题，多使用软体的遮挡物，如布帘等，一是便于家长进出照顾，二是避免磕碰和挤压，造成安全隐患；最后，在使用壁纸等装饰物上也要从小顾客的心理出发，多采用一些温馨可爱的图案和鲜艳的颜色，以获得小朋友的认同。

单独说试衣间虽说是一件小事，但是作为消费者来说，在一个考虑非常周到的试衣间里试衣服，所产生的愉悦感会增加消费者对品牌的好感，从而直接提升品牌的档次。

第6节 收银台设计要点

6.1 隐藏收银台设施

收银台不适合设置在店铺门口,它是顾客最不愿意靠近的地方(除非已准备好付款)。不要让顾客一进门甚至还未进店门就因看到收银台而止步。

应从顾客的视觉角度去弱化收款台,降低部分女性顾客对花钱的紧张心理,降低顾客的价格敏感度。

6.2 收银台修饰稍作装饰即可

除保证干净、整洁,不可有破损、变色、污渍外,不能有任何颜色过于鲜艳、用意夸张的装饰。在收银台上陈列一些简单的小玩意儿是适宜的,如一个小鱼缸、一些草木或小型雕塑等,一可美化环境,二与收银员唱收唱付的微笑服务相得益彰,拉近与顾客的距离。

6.3 有效利用收银台陈列

服装店的收银台可以放置一些赠品,如腰带、帽子、小饰品、袜子等,以吸引顾客的购买力。还可放些品牌的宣传广告、新品等,顾客也可带回去仔细看。

创业指向标

第 7 节　服装店的背景音乐不容忽视

我们知道，绝大多数的消费者都喜欢听音乐，尤其是年轻人。如果在逛街的过程中，听到一首非常好听的音乐，就可能在追随音乐的时候顺便进了这家店。或者所逛的店的音乐很好听，就不自觉地在里面多呆了一会，甚至买了几件衣服。这就是音乐的效应，绝不能小看它。服装店的背景音乐也能使听者感觉到店铺的品牌文化与品牌定位，从而对消费者是否停下脚步进店选购，对于品牌销售起着推动或阻碍作用。简而言之，音符虽小，不可小觑。

7.1　音乐播放要与服装店风格相匹配

不同风格的服装店，播放的音乐最好与其风格相匹配。比如卖少女装的服装店，最好播放节奏感较快、少女较喜欢的音乐；如果是白领服装店，最好播放办公室风格的、异域风情的、格调高雅的音乐；如果是中老年服装店，最好播放时代较久远、中老年人喜欢的音乐。总之，音乐风格要与店内服饰和服饰服务对象相吻合。

有调查显示，近60%的消费者对专卖店的背景音乐编排表示不满。尤其是30岁以上消费者，不满率占所访总数的85%以上。很多消费者以为：专卖店背景音乐播放音量过大，导致人与人之间交流时，不得不走近大声说，使人产生一种烦躁感、不安感，从而导致无心购物。此外，一位女士表示：现在很多专卖店播放的多为流行音乐，固然在一定程度上能够拉近与年轻消费者间的距离；但对于中年人来讲，那些节奏感过强的蹦迪舞曲、摇滚之类的音乐作为背景音乐太过聒噪，他们宁愿选择在外等候而不进店。她认为与专卖店相比，大型购物商场中央的背景音乐选取得更为柔和得体，能够为顾客营造出温馨恬静的购物环境，使顾客得以安心选购。同时，有些专卖店背景音乐的选取完全取决于店内工作职员的个人喜好，例如在一家著名运动品牌专卖店中播放着轻柔的女声情歌，使人听来有些不伦不类。

7.2 商家：规范、专业势不可挡

　　一位将专卖店设在大型商场的品牌经理向笔者叙述，商场整体营业时间通常从 9 时到 22 时，碰到节假日适当延长到 23 时或 24 时。在通常营业的 11 个小时中，并不是一刻不停地播放背景音乐。其中要播放本商场的场歌，播放商场制作的场内广播，如商场动态、商品信息。促销时，要宣布促销信息，还有一些停顿、间歇。播放的背景音乐是由专门的企划部门设计制定的，主要根据消费时间段、消费特点来选择曲目。试验表明：背景音乐应当风格统一，跳跃性强的流行歌曲固然比柔和音乐更具穿透性，但顾客在进店后的步伐、挑选服装的频率也要比播放柔缓的乐曲时快上 2～3 倍，不利于顾客对品牌、产品的了解。同时，该品牌的消费群是 30 岁以上的中年人，因此选择的曲目多是一些轻音乐，大部分是电子琴、钢琴、小提琴等乐器为主的舒缓曲目。只有在中国传统节日，才会选择一些喜庆的乐曲。由此可见，从另一角度看，适度的音乐还会体现出一个品牌的形象、公司的整体管理水平。

创业指向标

第8节 装修的几个错误倾向

8.1 片面追求豪华的倾向

有的服装店在装修设计过程中,把某些豪华宾馆中的设计手法和材质选择加以搬用,这样就会使装修效果走了题,如大吊灯、大灯池、大贴脸等一系列的金碧辉煌的效果,使人感觉不到一丝的服装店温暖。室内装修界甚至有人提出服装店装修要"宾馆化"的错误提法,因为宾馆是人们暂时逗留的地方,人流熙熙攘攘,不可能有利于营造消费气氛。

因此这种观点只能误导服装店装修设计的正确方向。受这种错误倾向的影响,甚至有的服装店一味地模仿 KTV 歌厅的装修效果,把服装店变成了文娱的场所,也是文不对题的。总之,这些做法只能说是花了钱,却买不到服装店的"顾客满意"气氛,因此是值得大家深思的。

8.2 片面追求高档材料的倾向

在服装店装修中,质量的好坏不取决于材质档次的高低,而应以高超的设计技巧取胜。例如做衣服的面料有高有低,笨裁缝用高级面料也不一定能作出款式好的服装,相反巧裁缝常可利用低档面料作出款式新颖别致的服装。这充分说明了,在服装店装修中要强调精心设计才是正确之路,避免片面追求、使用高档材料。

8.3 盲目购买大尺寸卖场用具的倾向

一般标准"顾客满意"的开间进深尺寸都要适度,购买卖场用具时应与室内空间的尺度相协调,决不能让大尺寸的家具堵塞了人流的活动空间。在服装店装修中,卖场用具配置是至关重要的。除去上述的要与空间尺度成比例之外,还应注意充分利用上部的空间。如在适当的位置多做一些吊柜和壁柜,这样不仅可以增加展览面积,而且还可以减少占地面积,只有这样布置卖场用具才有可能使服装店中的有限面积产生宽敞通透的感觉。

8.4 随意堆砌装饰成品的倾向

在室内装修设计中,有时需要一些装饰性的线脚、贴脸、花饰等。但是,在装饰材料市场上却供应着大大小小、似是而非、粗制滥造的成品。有的施工单位随意购买其零件,任意在服装店装修中拼贴,如大尺度的顶角线、超尺度的圆型顶棚线。因为零件是超尺度和杂乱无章的,所产生的后果,既缩小了本来不大的卖场空间,又失掉了该有的气韵,还丧失了服装店装修应有的品位。所以选择成品时,需根据设计意图加以审慎地挑选,方能使服装店装修达到理想的境界。

8.5 忽视使用功能的倾向

在服装店室内装修设计中,追求美观应是建立在功能的基础上的。但有的装修安装了大吊灯,往往因为奶白的反光灯罩及磨砂灯泡,造成了昏暗的照明效果,这种处理办法是既费电又不适用,且给人以压抑的感觉。又如有的吊柜拉手过高,使用起来非常不便。还有的服装店装修,过分追求小趣味,在地面分割上没有依据功能的要求划分各种材质,所拼贴出来的图案令人眼花缭乱,没有起到功能分享的导向作用。

创业指向标

尽管有的装修设计，注意到了利用材料质感的判别划分室内的空间，但由于选择材料不当，也会带来不好的后果。另外在门洞较为集中的地方，没有注意门的开启方向，造成了彼此交叉干扰。这些问题似乎不大，如果处理不当，依然会给用户带来诸多不便，因此不可掉以轻心。

服装店装修要结合商品特色，根据商品类型的大小范围进行设计。要考虑同类商品的大小变化幅度有多大，比如乐器店既有巨大的钢琴又有精巧的口琴，而书店和眼镜店的商品则规格基本相同。装修公司鉴于这种不同的变化幅度造成不同的空间感，变化幅度大的商品，陈列起来造型丰富，但也易造成零乱，设计时应强调秩序，减少人为的装修元素；变化幅度小的商品排列起来整齐，但易陷于单调，设计时应注重变化，增加装饰元素。

第四章
服装的进货和仓储

- 第 1 节　进货渠道的选择
- 第 2 节　服装采购
- 第 3 节　服装质量的检验
- 第 4 节　网店服装图片拍摄
- 第 5 节　服装的运输
- 第 6 节　服装库存的原则

第1节　进货渠道的选择

1.1　服装批发市场的功能

中国服装批发市场是中国服装流通业其中的一种模式，它在流通过程中起着实现生产与销售分离、促进流通的重要功能。其针对服装店主、批发商的特性以及产品多样性、地域分布广泛的优点得到了广大服装店主的认可，已经成为众多服装店主的进货首选渠道。

众所周知，批发市场是服装产业发展的最大枢纽，以广州、北京、武汉、沈阳、常熟、浙江等为代表的批发市场在中国服装业里面有着举足轻重的地位，其庞大的销售体系推动了服装企业的快速发展。针对消费者来说，他们信息接受速度较慢、消费层次较低、地域分布较广（而且分散），所以就特别需要批发市场流通的功能，然后再由下级批发商、零售商将商品销往消费者。可以看出服装批发市场在整个服装流通领域起到的是物流集散地的作用。

服装行业作为中国消费品行业的一个特殊行业，其经销渠道基本上是以百货公司、经销商，或通过终端的街边店铺这些方式走向市场的。针对服装终端销售商（包括服装店主）来说，进货是最基本也是最重要的问题，直接影响到销售以至店铺的生存。经销商进货，无外乎通过厂家直接进货或者通过批发市场、或通过网上、或二级以及更下级代理商处进货。

1.1.1　服装批发市场专为服装店主服务

其实能以最低价格拿到货的途径是从厂家直接进货，如果有门路当然这是首选。但是可以从厂家拿到货源的店主并不多，因为多数厂家不屑于与小规模的卖家打交道。这些正规的厂家货源充足，对待客户的态度较好，如果长期合作的话，一般都能争取到滞销换款。但是一般而言，厂家要求的起批量非常高。以外贸服装为例，厂家要求的批发数量至少要近百件甚至上千件，达不到这个数量不但拿不到最低的价格，甚至可能连基本的合作都争取不到，而且容易造成货品积压，因而不适合小量批发的客户。而批发市场的常驻批发商其目标客户就是进行小量批发的服装店主或再下级批发商，其从服务到产品类别再到订货量都最适合服装店主。

1.1.2 服装批发市场的双重角色

服装批发市场一方面作为批发商，通过网络渠道建立网络分销代理，节省了分销商的进货、库存成本的支出，使分销商可将主要精力集中在营销，而不必花时间在进货、发货、库存管理上。这就有效解决了对各等级分销商的管理，并可建立分销商们对批发商的忠诚度，提升其自身的销售额。

另一方面作为零售商来说，其避免了传统操作过程中的店租费、大量人员工资费、区域宣传费用等成本费用，实现了低成本运作。由于节省了大量的成本，产品价格自然低于同类产品，因此在价格上形成了一定优势。用户在这可以买到优质而又廉价的产品，享受最大程度的优惠。由于其产品丰富，价格实惠，有力地刺激了用户的二次消费，使其谋求长远利益的同时得到更好的发展。

1.1.3 服装批发市场是看货选货的最佳场所

相比于平时在网上批发服装的不同，我们在服装批发市场看货更能真实地看到服装的面料、手感、各角度的造型等，而这一切都是为以后将产品卖给消费者做准备。现代社会的消费者对服装的需求，已不再只停留在遮羞保暖等基本功能上，更多时候是追求商品的附加值，希望商品能在精神、情趣、品位上提供满足。面对要求如此"苛刻"的消费者，做服装店生意的店主在进货时就要充分考虑到消费者的这些要求，选对产品才能在销售中一招致胜。而服装批发市场无疑是服装店主最直接的一种进货渠道。如果你是一位对服装消费潮流非常敏感的店主，你的进货渠道肯定首选批发市场，因为那里的货最齐全，凭你的眼光挑挑拣拣就可以进到最畅销的货；如果作为服装店主的你对服装消费潮流不太敏感，那你的首选进货渠道更应该是批发市场，到批发市场转一转，看一看现在批发市场的主流产品是什么，关注一下其他店主都进什么样的产品，看得多了转得多了自然知道该进怎样的货。

1.1.4　服装批发市场产品丰富多样

此外就产品的多样性来说，从厂家进货也远远抵不上批发市场。多数的服装工厂只善于一种品牌，同种风格的服装，在进货选择上，店主的选择面往往比较单一，而批发市场是综合了各类型各品牌服装的集合体。服装店主可以更自由地选择当季流行的款，最受欢迎的品牌。因此综合比较，对一般服装店主而言从批发市场进货是最佳选择。这也得到了广大服装店主们的认可，全国各地服装批发市场的热闹景象就可以证明。

1.1.5　大型服装批发渠道大全

下面给出了全国比较大型的服装批发市场，大家可以就近选择。

最大的服装批发市场在广州和虎门，那里是全国的服装生产基地和批发中心。其次是杭州、武汉、北京。

北京的动物园南门是中国北方地区最大的市场，那里客流量大，来客的地区众多。北京的木樨园批发市场也不错，服装种类也很多。

杭州的四季青是个不错的市场，大而全，高中低档不同种类的货品分得很清楚，你想进什么样的货，就会有相应的层次供你选择。杭州除了四季青以外，还有经营中高档女装的新生、龙翔，经营男装的兴合。

武汉的汉正街全国闻名，这里不光经营服装，几乎涵盖了所有生活用品。到了这里终于明白为什么说武汉是九省通商之地。

江西南昌的洪城大市场、鸿顺德批发、联信大市场等洪城商圈是中部最具价值和规模的百货批发集散地，是非常不错的进货选择。

郑州的银基、成都的九龙、长春的远东是后起之秀，近年来发展迅速。

西安的康复路是西北地区的主要批发市场，不少人都是在那里做西北五省的总代理。

济南利用省会城市的有利地位，已基本上占领了山东市场，临沂则转成了以经营低档货品为主的批发市场。

论交通的便利，湖南株州的服装批发市场再好不过了，火车站、汽车站都在旁边。

福建省有两个批发市场，福州和石狮。

沈阳的五爱市场规模较大，是全国每天开门最早，关门也是最早的市场，天不亮就开门。

哈尔滨的红博最有集团化经营观念，它对产品进行统一宣传，志在打造"红博"品牌。

1.2 批发市场进货要点

1.2.1 进货时的着装

批发市场里的买家穿的是五花八门，所以大家觉得穿成什么样都无所谓。这个观念是不对的，切记不要穿正装和过于时尚端庄的衣服，因为最后大包小包的货品还得自己搬回家，建议穿随意的休闲装比较好。

1.2.2 进货工具

带几个大的黑色塑料袋，这可是去批发市场拿货的标志物。要是准备大规模进货，则需要拉一个两轮的小车。

1.2.3 进货语

拿货价多少；怎么拿；这个怎么批啊；拿多少还能优惠（千万不要外行地说："这个怎么卖啊"）。

1.2.4 进货预算

要根据自己开店的情况，明确每次进货或补货的资金、种类、数量，这样哪怕超支也做到心里有数。

1.2.5 进货调研

每个城市大大小小的批发市场都不少，所以想好进货种类后，就选择几家综合指数靠前的批发市场开始调研吧。调研时要养成两个好习惯：感兴趣的货源要索要名片或用纸笔记录；比较各批发商的内容：价格、质量、最少拿货数量、退换货、包装、补货的方便程度等等。把自己收集的资料进行整理比较，然后确定以后的主要进货商就可以了。建议没有时间详细调研的朋友，也不要进了市场马上就出手，多转几家，以免后悔。

1.2.6 确定进货

调研完之后就可以直接去拿货了，在拿货过程中还要注意几点。首先是事先确定好退换货的原则，其次是进货数量及价格的清单一定要保留，便于记录进货情况，同时也是退换货的凭证。第三点是关系维护，不管是开网店还是实体店，将来要不断补货和进货，所以在每次进货过程中，要多与批发商沟通交流；这样不仅能保持良好的关系，同时也能了解他们进货的经验，千万别小看这点，批发商的经验可是很丰富的！

1.2.7 进货总结

对于批发商的联系方式要保管好，同时总结自己进货过程中出现的问题，如服装的款式、价格、数量、尺码、面料等的选择。这样才能为以后进货积累更多的经验。

1.3 网上商品的进货渠道

1.3.1 批发市场进货

这是最常见的进货渠道，如果你的小店是经营服装，那么你可以去周围一些大型的服务批发市场进货。在批发市场进货需要有强大的议价能力，力争将批价压到最低，同时要与批发商建立友好关系，在关于调换货的问题上要与批发商说

清楚，以免日后起纠纷。

1.3.2 厂家直接进货

正规的厂家货源充足，信用度高，如果长期合作的话，一般都能争取到产品调换。但是一般而言，厂家的起批量较高，不适合小型批发客户。如果你有足够的资金储备，有分销渠道，并且不会有压货的危险或不怕压货，那就可以去找厂家进货。

1.3.3 批发商处进货

一般用搜索引擎谷歌、百度等就能找到很多贸易批发商。他们一般直接由厂家供货，货源较稳定。不足的是因为他们已经做大了，订单较多，服务难免有时就跟不上。而且他们都有自己固定的老客户，你很难和他们谈条件，除非当你成为他们的大客户后，才可能有折扣和其它优惠。在开始合作时就要把发货时间、调换货品等问题讲清楚。

1.3.4 购进外贸产品

目前许多工厂在外贸订单之外的剩余产品，或者为一些知名品牌的贴牌生产之外的剩余产品，价格通常十分低廉，一般为市场价格的2至3折左右，品质做工绝对保证，这是一个不错的进货渠道。但一般要求进货者全部吃进，所以进货者要有经济实力。

1.3.5 吃进库存或清仓产品

因为商家急于处理，这类商品的价格通常是极低。如果你有足够的砍价能力和经济能力，可以用一个极低的价格吃下，然后转到网上销售，利用地域或时间差获得足够的利润。吃进这些产品，你一定要对质量有识别能力，同时能把握发展趋势并要建立好自己的分销渠道。

1.3.6 寻找特别的进货渠道

如果你在香港或是海外有亲戚朋友，就可以由他们帮忙，进到一些国内市场上看不到的商品或是价格较高的产品。比如你可以找人从香港进一些化妆品、品牌箱包等，也可以从日本进一些相机等电子产品，还可以从俄罗斯进一些工艺品。如果你工作、生活在边境，就可以办一张通行证，自己亲自出去进货，这样就很有特色或是价格优势。

1.4 服装店网上批发和传统进货渠道优势比较

网络进货相比传统渠道进货的优势：

1.4.1 成本优势

时间成本——来回批发市场的时间2～3天可以省去；

进货附件成本——来回车费、住宿费、物流费用可以省去；

1.4.2 选购优势

一、选购的紧迫性减少

亲自去批发市场选购由于时间所限，不可能花很长的时间慢慢挑选，有些服装也许并未相中但迫于进货压力不得不赶快选购。但网上购物就可以花时间慢慢地选。

二、选购依据的有效性增加

传统渠道进货选款，一是靠自己的眼光，二是靠老板的推荐，三是靠顾客的反馈。相比之下，网上进货此三种依据都有，并且顾客的反馈面来源更广，反馈更及时，补货也更快，补货的附加成本减少（也许批发进来的款式不是所有的款式都很得顾客青睐，但其中的几款反馈很好又不得不补，如此则补货成本就加大了）。

三、批发数量限制优势

一般的网上批发基本上都是十件起批，这样在一定程度上为实体店铺的选择性增大了许多。

四、库存压力优势

由于网上进货可以很低数量起批，相对而言买家的备货压力就减少，库存积压的风险就下降，相当于资金投入减少，成本减少。

五、批发价格透明化

正规的批发网站，如正式成为批发代理之后，会有明确的价格展示出来。相比传统渠道进货，更减少了还价的环节，价格透明度进一步开放，有利于进一步的选择和衡量。

六、资金周转优势

批发市场进货一般都是现款现货，一次性投入不少资金但需要所批服装全部卖出去后才能回笼资金，期间的资金占用时间较长，若一次投入比较大的资金仅银行利息就有不少。网上购物可以更灵活，可以多次小额批货，减少资金占用时间。

七、款式更新优势

款式好坏是生意兴旺与否的关键，买家不可能频繁地去批发市场进货，以每月两次算，则店里的服装款式更新只能是一月两次，不能紧跟时尚潮流，无法扩大自己的商机。但网上服装品牌一个月会更新十几次，比传统渠道进货的更新速度多了至少5倍以上，可以轻松选购新款，增加客户回头率。

1.5 如何进货能获得最大利润

服装店进货时，我们是与经销商打交道，所以里面有一些批发的规则和套路，需要了解。了解了这些，才能在进货过程中获得优势地位，既能进到优质实惠的货品，又能和经销商保持良好的关系，以保证生意的持续发展。开店做生意，说白了就是买卖商品并从中赚取差价的过程，但里面也关系到很多学问。就拿进货来说，进货的数量、质量、种类该如何确定，进货资金和流动资金的比例该如何确定，什么时候补货及如何确定补货的数量，作为经营者都应该了解。下面，就把这些商业中常用的基本知识介绍给大家，希望能对小本经营者有所启发。

1.5.1 批发和零售的利润模式

批发和零售最大的区别是：批发商卖单个商品的利润低，只有通过大量的出货才能赚钱；而零售商卖单个商品的利润高，但出货量要比批发商少。

1.5.2 进货的数量

进货数量包括多个方面，如进货金额、进货商品种类、单个商品种类及数量等。进货商品种类第一次应该尽可能的多，因为你需要给顾客尽量多种类产品的选择。

1.5.3 如何获得批发商的支持

能影响到批发商对你的支持有两个因素：第一个是首次进货金额，如果首次进货金额太少，批发商就会认为你没有实力，或者对他的产品信心不足；第二是补货的频率，如果经常到批发商那里去补货，即使数量不多，批发商还是会认为你的货物周转快，能够为他带来长期的效益。批发商对你的支持表现在一旦有新货会尽快通知你，而且可能下次进货的时候他会自动把价格调整下来。

1.5.4 批发市场的规则

一、不要在批发商店慢慢检查你的产品

当你提到货后，只要把数量点清就可以了，一般回去发现产品有问题后再要求更换。若你提货后就蹲在批发店里面点货，会让批发商觉得你是个很麻烦的顾客，从而不愿与你打长期的交道。

二、不要指望通过批发商换货来降低风险

进货时，千万不要对批发商提出如果产品不好卖，能不能换成好卖的商品这类问题。如果你这样问，会被批发商认定你以前没有做过生意，是生意场上的新手，接下来不用说都猜到批发商会给你什么样的报价了。批发商没有义务为你承担进货的风险，他能够更换次品已经是很好的支持了。

三、批发市场里面价格的调整很小

前面提到，批发商单件商品的利润很低，商品价格的下调不可能像零售商一样，一般调整都在2%至3%，能够降个5%就已经很厉害了。另一方面，在批发市场里，一般货物的运输都是通过汽车或者铁路，而且都是买家自己负责，碰上

个好的批发商的话，最多愿意帮你去托运，但是搬运到货场的费用和运费都是买家自己付的。

1.6 进货的技巧

进货时要掌握这么一个原则：不进最贵的，也不进最便宜的，而是进性价比最高的！

生意的好坏和用心程度是成正比的，为什么有的人做生意就赚钱，有的人就赔钱？如果把全部的热情和心思都用在生意上，把现在所从事的生意当作一生的事业来做，生意就离成功不远了。

1.6.1 从源头直接进货

从源头进货，减少了周转环节，进价最低，可以薄利多销，从而在竞争中获胜。

目前，我国的经济水平决定了生意只有面向大众消费者才是上策。除了质量以外，价格是尤为重要的一条，服装进货时从源头拿货显然降低了成本，产品定价也能降低。

在目前假冒伪劣商品充斥市场的情况下，从源头进货，可以保证商品质量。

同进货源头发展购销关系后，可以长期稳定地产和销，保证商品供应。

1.6.2 从多家进货

服装进货时不能只关心价格，而忽略了质量，要严把商品质量关，并至少选择两家以上的供货单位。保证从多家进货的好处在于：促使供货方之间在商品质量、价格和服务等方面的竞争；有效防止进货人员与供货方之间不正当交易；及时掌握商品信息、动态，从而有的放矢。

1.6.3 进畅销货

对于什么商品是畅销货，除了可以从商店本身的销售情况得出结论以外，关键还要考虑商品流动的时间，对供应产品做全面考虑。因为消费者的口味变化越来越快且多样化。

第一，服装进货发现新产品，不可盲目一时大量购进，新产品可能是畅销货，也可能成为滞销货。应先少购一点，试销后再定，不要占去大量资金。

第二，对流行服饰，应充分考虑到流行时间，从而在进货数量上把握准确。

1.6.4 依靠信息进货

经营服装，离不开市场信息，准确的市场信息，可使你作出正确的决策。如果信息不可靠，就会使经营遭受损失。而市场信息又来源于市场调查，主要方法如下：

在服装进货前，登门造访。可选择一批有代表性的居民用户，作为长期联系对象。

建立缺货登记簿。对消费者需要，而本柜组又没有的商品进行登记。登记项目是品名、单价、规格、花色、需要数量、需要时间等，每天汇总，以此作为服装进货最重要的依据。

设立顾客意见簿。顾客意见簿是商店与顾客交流的重要途径。柜组长在一日终了时，应检查一次顾客意见簿，发现和抓住一些倾向性的问题，及时改进，从而不断提高进货管理水平。

1.7 淡季、旺季如何进货

淡季是加盟商最为头痛的时候，几乎什么东西都不好卖。如何应对淡季？四个字："小步快走"，之所以有淡季旺季之分，不是因为气候，而是因为人。超市每年的元旦、春节、五一、国庆、中秋、周末的生意都比较好，其实只要你注意观察，这个时候买东西的，都是普通老百姓居多；而在非节假日购物的都是生活压力较小的人群；当然不排除退休的老人每天都会去超市买点生活

创业指向标

用品。

服装生意也是一样，在平常日子来买衣服的人生活相对宽裕，这些人的购物特点是想买就买，只要自己喜欢，淡季主要就是做这些人的生意。所以保持每周都有新款上市，是非常重要的，当然补货还是要精挑细选。淡季销量下降，进货相对减少；加盟商常犯的一个错误是：用减少进货频率的方法来减少进货量。旺季是每周进货，淡季改成半月进货；看似合理，其实大错特错。每周有新品，这是服装生意最根本的要求。淡季生意下降原因是普通百姓的购买力下降，但有钱人的购买力没有下降。所以淡季主要是做有钱人的生意，旺季是所有人的生意一起做。淡季减少进货量，但绝不能降低进货频率。

旺季是加盟商最高兴的时候。几乎是进什么卖什么，如何面对旺季？也是四个字："大步流星"。旺季最怕缺货，不是总部缺货，而是加盟商补货不足；在每周至少一次的补货频率要求下，要加大每次的补货量。淡季过来的人，很怕压货，不敢补货，这样会失去赚钱的大好时机；旺季是什么人的生意都要做，也是什么货都能卖的季节。

一个普遍的规律是：淡季过后旺季不敢补货，旺季过后淡季胡乱补货。

如何做对换季？季节性商品是爆炸式销售，好卖的时候一天卖很多，不好卖的时候降价也没人要。季节性商品最怕压货；如果操作失误，前面赚的就是后面亏的。

其实也是四个字："先走为快"，来得快、去得快、多种选择、充分陈列。针对季节性商品的做法在于季节到来前两个月先上货，在季节结束前两个月先撤货。你会发现在元旦时，天还很冷，有的店已上太阳镜了；中秋时，天还热时，有的店已上手套围巾了。

第 2 节　服装采购

不同的季节，服装的种类是不同的；不同的季节，服装的销量也是不同的，因此我们在进货的过程中，要把季节因素考虑进去。翻翻自己的衣橱，我们发现，夏天的衣服相对来说是较多的。这是因为夏季比较长，衣服种类也很多，换衣服也比较频繁，衣服价格相对也便宜，爱美的女士在夏季通常是购物的狂人。

服装店应采取季节性进货，遵循季前采购、季中补货、季末压缩的采购策略。对一些常规性产品，货源稳定，可按最低存货水平进行采购；服装商品上市时机很重要，采购时间应配合领先上市的策略。

2.1　服装店进货策略

明智的服装店经营者一定很注重进货策略，因为进货策略直接关系到经营计划的成功与否。所以，经营者主要根据商品的特点、自身条件和本店面临的市场环境因素，选择适当的进货策略，以促进销售，提升店铺经营业绩。

制定进货策略需注意：

一、服装商品不同生命周期阶段的进货策略

在投入期，服装商品应慎重进货；在成长期，应积极组织货源；在饱和期，应适当控制进货数量；在滞销期，应当及时清理库存服装商品。

二、经济订货批量策略

通过分析进货批量、进货费用、储存费用三者之间的内在联系，采用经济计量方法，找出最合理、费用最低的进货批量和进货次数。

三、"五知"进货策略

依靠市场信息制定进货策略,归纳起来为知己、知彼、知货、知人、知时五个方面:"知己",是指要知道自己的现状;"知彼",是指要知道同行业务活动情况;"知货",是指要有商品知识;"知人",是指要知道消费者的消费心理和动机;"知时",是指要知道各种"天时"给市场带来的影响。

目前国内服装供应市场秩序比较混乱,甚至出现鱼目混珠的情况。对服装店经营者来说,为了避免盲目采购,就必须花大力气寻找可靠的服装供应渠道。经营者为确保进货及时畅通、商品品种丰富多彩,必须广开货源渠道,建立固定的进货渠道和固定的购销业务关系。由于彼此了解情况,易于符合进货要求,同时可以减少采购人员数量,节约费用。另一方面,店方在保持固定进货渠道的同时,要注意开辟新的进货点,以保持进货渠道的多样化,从而防止各种风险带来的损害。

2.2 确定采购量

确定采购数量是服装商品采购中最难控制的一个步骤。对服装店来说,采购的商品量过多会造成服装品的积压,而库存量不足则会失去宝贵的销售机会,两者都会给服装店带来损失。所以服装商品采购量的计算必须尽量准确、全面。采购数量应配合设备的陈列面积和顾客的需求,并且评估销售量、采购条件、库存量、采购次数、营运状况及进货费用等因素决定合适的采购数量。确定采购量可按以下步骤进行。

2.2.1 评估本店销售量

营业额与采购量有着相当密切的关系。通常先预估预定采购期间(一般为一个季度)的营业额,在此基础上再来决定商品采购数量。预估服装店营业额时,应考虑:上年同期的营业额,社会形势的影响,服装店的发展计划、促销计划、折扣计划,商圈内其他的变化因素。

2.2.2 流行性服装商品采购量的确定

在最终决定服装采购数量时应该考虑到流行商品的特性，应留出一些进货的余力，尽量克服滞销的现象，以减少存货积压的风险。

2.2.3 常备性服装商品采购量的确定

常备性服装商品是指那些受流行和季节影响较小，销售量长期比较稳定的服装。常备性服装商品采购量计算有两种方法，一种称为安全库存量采购法，另一种称为定期采购法。

2.3 采购的分类

2.3.1 按价格分类

招标采购、询价采购、比价采购、议价采购、定价采购、公开市场采购。

2.3.2 按采购主体分类

个人采购、集团采购。

2.3.3 按采购方法分类

一、传统采购

二、科学采购

订货点采购、MRP采购、JIT采购、供应链采购、电子商务采购。

2.4 采购前与供应商的谈判

2.4.1 谈判前要有充分的准备

知己知彼，百战百胜。采购员必须了解商品知识、品类市场现有价格、品类供需状况、本企业情况、供应商情、本企业所能接受的价格底线与上限，以及其他谈判的目标。

2.4.2 只与有权决定的人谈判

谈判之前，最好先了解谈判对手的权限。采购人员应尽量避免与无权决定事

务的人谈判，以免浪费自己的时间，同时也可避免事先将本企业的立场透露给对方。

2.4.3 尽量在本企业办公室谈判

采购员应尽量在本企业的业务洽谈室里谈业务。除了提高采购活动的透明度，杜绝个人交易行为之外，最大的目的其实是在帮助采购员创造谈判的优势地位。

2.4.4 对等原则

不要单独与一群供应商的人员谈判，这样对自己不利。也就是说，我方的人数与级别应与对方大致相同。如果对方极想集体谈，先拒绝，再研究对策。

2.4.5 不要表露对供应商的认可和对商品的兴趣

交易开始前，对方的期待值会决定最终的交易条件，所以有经验的采购员，不论遇到多好的商品和价格，都不过度表露内心的看法。让供应商得到一个印象：费九牛二虎力，终于获取了你的一点宝贵的让步！永远不要忘记：在谈判中的每一分钟，要一直持怀疑态度，不要流露与对方合作的兴趣，让供应商感觉在你心中可有可无，这样比较容易获得有利的交易条件。

2.4.6 放长线钓大鱼

本公司的一些需求信息要注意保密，以免被对方抓住把柄。采购人员要避免先让对手知道我公司的需要，否则对手会利用此弱点要求采购人员先做出让步。

2.5 你不得不知的采购知识

2.5.1 尽量收集多一点产品信息

多渠道收集产品信息，可从网络、广告、媒体、朋友等那里获取，掌握产品信息是工作中最基本的一环。我不熟悉这个产品，但是我会尽我最大的努力寻找懂得这个产品信息的人，从别人那去学到自己本来不知道的东西。哪怕是一丝丝的信息都算是学习和进步。

2.5.2 做事情要有条理

每天记录下来所做过的工作、处理的事；对没有处理好的事，要求次日或紧急处理。尽量做到问题不推迟，尽最快解决。

2.5.3 工作有计划

在每一天结束前在头脑里回想什么事没完成，明天的主要事情是什么，做个计划。很重要的事，或事情较多，记录下来，逐个处理。

2.5.4 学会主动与人沟通

经常与车间、仓库、打样车间、品质的相关人员接触，这样便于自己了解产品，跟踪需要，减少工作失误，提高工作效率。

2.5.5 对工作的难点重点要有总结

对工作中的难点，事后尽量做个简短的书面总结便于自己以后总结经验。要求厂家处服务处理事得交书面说明。

2.5.6 尽量做好工作总结

对所做的工作，每个月至少做个简短的总结。从工作量、工作内容、完成事项、要事处理、问题解决、工作失误，工作计划等方面都做个简短的总结。

2.5.7 做好供应商的管理

尽量用条款有效的文件去约束牵制他们，让他们能主动争取配合我们工作，及时解决问题，让其感受有压力又有动力。

2.5.8 要持续对订单的跟踪

工作要有责任心，要严谨，要主动出击，不要寄希望于供应商肯定没有问题；要及时做好跟催工作，要分析供应商的每一次看似合理的理由，是否隐藏着丝丝供货风险或其它东西。要做好记录，便于查询和统计，及配合相关部门做好工作。

2.5.9 问题处理

反应要快，汇报要及时，处理问题要敏捷果断，要有自己较好的处理建议，

并能与供应商做个合适的谈判结论。

2.5.10 职业习惯

要让自己有一个好的职业习惯,有成本概念、有利润思维、有风险意识、有统筹能力、有交流沟通的好习惯。这些都有助于自己向一个更优秀的采购靠近,做一名真正优秀的采购员。

2.6 采购员打业务电话要点

想好打电话的目的是什么,是询价、是讲价、是订价、还是分析市场变化等。

组织好自身谈话内容的概要,做到谈话流畅,语言丰富,用语专业,亲切自然大方,热情大度。

对供应商所销售的这个品种及其它供应商(同种产品)的信息要了解,以此好回应对方的谈话。

要记住对方所销售的这个品种现在的大约价格,及你上次所订购的价格,或上次你报给对方拟购的价格及你虚拟报给对方的价格。

在关心业务的同时,不妨对客户的工作身体等也做个善意的问侯。

对新客户多介绍并展示一下自己公司的实力和优势等。

第3节　服装质量的检验

3.1　采购服装快速检验的"五看原则"

看面料手感是否舒服，是否手摸掉色，观察颜色是否有色差，手拉是否会走纱，鼻子闻闻是否有异味。

看工艺整烫，线迹是否平直，是否有跳针跳线，压线是否平行，锁边是否平整，还要看拼接口是否接好，整烫是否平服，是否烫坏变色。

看对称，左右对称的地方是否大小、高低一样。

看尺寸，三围尺寸是否符合国家标准。

看耐磨性，可用手指在布表面磨几分钟，看是否起毛球。

3.2　服装常见的不良情况

3.2.1　车缝

针距超差——缝制时没有按工艺要求严格调整针距。

跳针——由于机械故障，间断性出现。

脱线——起、落针时没打回针，或严重浮线造成。

漏针——因疏忽大意漏缝，贴缝时下坎。

毛泄——折光毛边时不严密，挖袋技术不过关，袋角毛泄。

浮面线——梭皮罗丝太松，或压线板太紧。

创业指向标

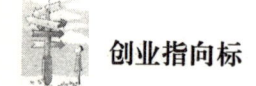

浮底线——压线板太松，或梭皮罗丝紧。

止口反吐——缝制技术差，没有按照工艺要求吐止口。

反翘——面子过紧；或缝制时面子放在上面造成。

起皱——没有按照缝件的厚薄调换针线；或缝合件有长短。

起绺纽——由于技术不过关缝纽了，缝合件不吻合。

双轨——缉单明线，断线后，接缝线时不在原线迹上；缝制贴件下坎后，补线时造成两条线迹。

双线不平行——由于技术不过关，或操作马虎造成双线宽窄不匀。

不顺直——缝位吃得多少不匀造成止口不顺直；技术差缉明线弯曲。

不平服——面里缝件没有理顺摸平；缝件不吻合；上下片松紧不一。

不方正——袋角、袋底、摆角、方领没有按90度缝制。

不圆顺——圆领、圆袋角、圆袖头、西服圆摆，由于缝制技术不过关出现细小楞角。

不对称——由于技术差或操作马虎，必须对称的部位有长短、高低、肥瘦、宽窄等误差。

吃势不匀——绱袖时在袖山部位由于吃势不均匀，造成袖山圆胖、或有细褶。

绱位歪斜——绱袖、绱领、定位点少于三个或定位不准。

对条、对格不准——裁剪时没有留清楚剪口位；或排料时没有严格对准条格；缝制时马虎，没有对准条格。

上坎、下坎——缝纫技术低或操作马虎，没有做到缉线始终在缝口一边。

针孔外露——裁剪时没有清除布边针孔；返工时没有掩盖拆孔。

领角起豆——缝制技术低；领角缝位清剪不合要求；折翻工艺不合要求；没有经过领角定型机压形。

零配件位置不准——缝制时没有按样衣或工艺单缝钉零配件。

唛牌错位——主唛、洗水唛没有按样衣或工艺单要求缝钉。

3.2.2 污迹

笔迹——违反规定使用钢笔、圆珠笔编裁片号、工号、检验号。

油渍——缝制时机器漏油；在车间吃油食物。

粉迹——裁剪时没有清除划粉痕迹；缝制时用划粉定位造成。

印迹——裁剪时没有剪除布头印迹。

脏迹——生产环境不洁净，缝件堆放在地上。

水印——色布缝件沾水褪色斑迹。

锈迹——金属钮扣，拉链，搭扣质量差，生锈后沾在缝件上。

3.2.3 整烫

烫焦变色——烫斗温度太高，使织物烫焦变色（特别是化纤织物）。

极光——没有使用蒸气熨烫，用电熨斗没有垫水布，造成局部发亮。

死迹——烫面没有摸平，烫出不可回复的折迹。

漏烫——工作马虎，大面积没有过烫。

3.2.4 线头

死线头——整理后修剪不净。

活线头——修剪后的线头粘在成衣上，没有清除。

3.2.5 其他

倒顺毛——裁剪排料差错；缝制小件与大件毛向不一致。

做反布面——缝纫工不会识别正反面，使布面做反。

裁片同向——对称的裁片，由于裁剪排料差错，裁成一种方向。

疵点超差——面料疵点多，排料时没有剔除，造成重要部位有疵点、次要部位的疵点超过允许数量。

扣位不准——扣位板出现高低或扣档不匀等差错。

扣眼歪斜——锁眼工操作马虎，没有摆正衣片，造成扣眼横不平、竖不直。

色差——面料质量差，裁剪时搭包，编号出差错，缝制时对错编号，有质量色差没有换片。

破损——剪修线头，返工拆线和洗水时不慎造成。

脱胶——粘合衬质量不好；粘合时温度不够或压力不够，时间不够。

起泡——粘合衬质量不好；烫板不平或没有垫烫毯。

渗胶——粘合衬质量不好；粘胶有黄色，烫斗温度过高，使面料泛黄。

钉扣不牢——钉扣机出现故障造成。

四合扣松紧不宜——四合扣质量造成。

丢工缺件——缝纫工工作疏忽，忘记安装各种装饰袢、装饰纽或者漏缝某一部位，包装工忘了挂吊牌和备用扣等。

3.3 分辨羽绒服的品质好坏

目前市面的羽绒服种类林林总总，品牌也是多种多样，我们进货时应选择什么种类，选择什么品牌，是个需要考虑的问题。羽绒服价位偏高，多数消费者在选购时会很慎重，一般要求羽绒服不掉毛、绒质较好、不掺杂毛。随着人们生活水平的提高，人们对羽绒服的时尚性也关注很多，即希望羽绒服不仅保暖效果好，而且穿起来好看，时尚流行。因此我们在进羽绒类的服装时，要考虑多方面的因素。

3.3.1 看面料

羽绒服面料应具备防绒、防风及透气性能，其中尤以防绒性至关紧要。防绒性能的好坏，取决于所用面料的纱支密度。目前市场上销售的羽绒服以尼龙塔夫绸和TC布为主，一般纱支密度在230T以上，250T为最佳，230T以下则很难保证绒毛不外钻。在识别面料时，先看其薄厚，一般情况薄者为稀，厚者为密；其次是用手拍打，如有绒毛飞出，密度必在230T以下；再次是握住衣服某一部位稍加用力揉搓（这当然要征求售货员同意），如无细小的绒丝钻出，密度当在250T。因尼龙绸面料有一层涂料，其处理以亮、滑润、均匀为好。

3.3.2 看绒质

羽绒服填充料多以鸭、鹅羽绒为主。有的羽绒服为降低成本，采用鸡撕绒或粉碎绒。所谓鸡撕绒，就是从鸡毛上把毛撕下除去毛梗，粉碎绒则是将毛梗粉碎的碎末。分辨羽绒服的绒质的确难，但也并非无一点规律可循，这里介绍几个方法，进货时不妨试一试。

一、从羽绒服的薄厚与轻重上区分

薄厚不同的羽绒服，看上去很厚，掂着却不是很沉，其含绒量一般较高，质量较好；反之，薄而重，其中必有问题。一般讲鸡撕绒和粉碎绒的重量要大于鸭、鹅绒。

二、从蓬松度上区分

将羽绒服放在桌上，用手着力挤压，优质绒能压到很薄的程度，松手后能立即恢复原状，蓬松如初；劣质绒压不了很薄，松手后恢复缓慢。

三、从毛梗的粗细长短和有无上识别

按目前内销产品填充料的规格标准，含绒量是50%，其中一半是像蒲公英一样的绒朵，另一半是两寸长的细毛片。也就是说填充料中允许有一定限度内的毛梗子。但如摸着没有一点梗子，那就可以断定充进的是鸡撕或粉碎绒。粉碎绒如以手拍打，很可能有粉尘状物出现。另外充粉碎绒的衣服洗涤后，可能会结块，不像纯鸭、鹅绒着水晾晒后，经手拍匀会重新蓬起。

3.3.3 看原辅料

羽绒服原辅材料质量的好坏，直接影响穿着效果。金属扣松紧应适宜。拉链一般为铸塑拉链，轨道应光滑，在选择时要着重检验其回扣效果，即将拉链拉上一段后没有自然下滑现象。

3.3.4 看做式

羽绒服做工要求较高，稍有疏忽即会影响质量。缝纳趟数应适宜，过疏易磨损开线；过密易致残布料，且影响蓬松、保暖程度。缝纳处因针眼而有一些飞丝带出，在所难免，但如有较多、较长的毛片不断钻出，则属质量问题。

3.3.5 看款式

作为零售商，我们要注意收集羽绒服类服装的信息，多关注这个时令流行什

么款式的羽绒服，哪种款式的卖得最快；可以关注每年的冬季时装发布会来获得信息，进货的时候就以这些信息为参考，多数情况下不会进错。

3.4 童装如何看质量好坏

童装质量直接决定着儿童穿着是否健康，因此一款质量好的童装对孩子来说是极为重要的。怎样来辨别童装质量的优与劣呢？

孩子们长身体的时间段最为关键，不健康的童装要是穿在孩子的身上，那肯定是会危害儿童健康的。

绩优原则：所谓绩优就是让宝宝最大限度地舒适。

孩子的衣物一定要柔软。内衣要选择纯棉的，可避免静电反应。但是外衣可选加入了一定比例的涤成分的材料，既可以防止衣服缩水，也可以增加弹性，耐脏耐洗。

3.4.1 慧眼看标识

合格的童装应该包括以下标识。

商标和中文厂名厂址，联系方式。这是消费者保护自身合法权益的重要证据之一。

服装号型标识。号型标识是服装规格代号，与消费者自身的身高、肥瘦相匹配。儿童选购衣服时，要根据儿童的生长发育特点和儿童生性活泼好动的特点，选择稍微宽松一点的衣服，以利于儿童的成长。

成分标识。主要是指服装的面料里料的成分标识，各种纤维的百分比应清晰正确，有填充料的服装还应标明填充料成分和含量。

洗涤标识的图形符号及说明。一般指制造商根据选用的面料，会相应标注服装的洗涤要求及保养方法。

产品合格证，产品执行标准编号，产品质量等级，产品类别及其它标识。

品牌童装还会有厂商的童装注册商标，童装尺寸对照表等其它补充项目。

3.4.2 解读两个关键词

关键词1：pH值

这是考核面料酸碱度的一项指标。因为人体的皮肤呈弱酸性，如果纺织品的pH 值与人体的皮肤相差太大，会对皮肤产生刺激。标准规定：直接接触皮肤的产品 pH 值为 4.0～7.5，非直接接触皮肤的产品 pH 值为 4.0～9.0。pH 值低于 4.0 的面料偏酸性，过度酸性服装在贮存过程中容易损坏；pH 值高于 7.5 或 9.0 的面料偏碱性。偏碱性条件下，细菌、病菌繁殖生长较快，会影响身体健康。pH 值超出范围的均为不合格产品。

关键词 2：甲醛含量

这是关系产品是否对人体造成危害的指标。只要有产品甲醛不合格，即表明有危险的存在，因此不可掉以轻心。

3.4.3　五个细节提示

其一，童装上的永久性标识材料应该柔软，并缝制在适当部位，如衣服的口袋里，避免直接与宝宝的皮肤接触，防止因摩擦而损伤宝宝娇嫩的肌肤。

其二，要特别注意各种纽扣或装饰件是不是很牢固，防止被宝宝扯掉而误服。

其三，尽量购买浅色童装。儿童服装质量检查中发现，深色面料的产品染色牢度出现问题最多。宝宝经常用嘴去咬衣物，容易将染色残留物吸到嘴里去。

其四，儿童服装面料首选是纯棉织物，尤其是接触皮肤的内衣更要以纯棉为主。

其五，新买的儿童服装，最好在穿着前清洗一下，以去除服装面料上可能存在的甲醛残留或 pH 值超标等问题。

3.4.4　鉴别小技巧

用燃烧法鉴别棉织物。在童装的缝边处抽下一缕纱线，用火点燃，观察燃烧火焰的状态。棉的燃烧较快，火焰高，能自动蔓延，留下少量柔软的白色或灰色灰烬，不会结焦。

3.4.5　如何鉴别网上购买的童装的质量

童装进货的时候，我们应严格按《国家纺织产品基本安全技术规范》的标准

选择童装，这样既对我们服装的质量负责，更是对消费者负责。

《国家纺织产品基本安全技术规范》主要涉及了3大类的纺织品：

A级：婴幼儿用品中：主要是指24个月以内的婴幼儿使用的纺织品，主要包括尿布，尿裤，内衣，围嘴，睡衣，手套，袜子，衣，帽子，床上用品等。

B级：直接接触皮肤的产品：主要是指在穿着或使用时，大部分面积直接与人体皮肤接触的纺织产品，比如：背心，短裤，棉毛衣裤，衬衣，裙子，裤子，袜子，文胸，腹带，床单等。

C级：非直接接触皮肤的产品：比如：毛衣，外衣，裙子，裤子，窗帘，床罩，墙布，填充物，衬布等。

A级，B级，C级，是根据安全技术要求指标从高到低来将纺织品进行分类的，也就是婴幼儿用品的安全技术要求指标最高，直接接触皮肤的产品次之，非直接接触皮肤的产品相比较而言，要求最低。对A级、B级、C级三级产品的分类，其目的是为了对不同种类纺织品的生产安全技术要求更明确、更有针对性。

因此，各位在网上选购童装时，应特别注意服装上应有的标识：

一、商标和中文厂名厂址，联系方式（最好是固定电话）

这是消费者保护自身合法权益的重要证据之一。因为制造商只有明确地标注了商标和厂名厂址，才确立了其对该产品负责的义务。

二、服装号型标识

号型标志就是服装规格代号，与消费者自身的身高、肥瘦相匹配。如上衣90/48，表示适合身高90cm，胸围48cm左右的儿童穿着。儿童服装的选购，要根据儿童的生长发育特点和儿童生性活泼好动的特点，一般应选择稍微宽松一点的衣服，以利于儿童的成长。

三、成分标识

主要是指服装的面料、里料的成分标识、各种纤维含量百分比应清晰、正确。有填充料的服装还应标明其中填充料的成分和含量。

四、洗涤标识的图形符号及说明

以便了解洗涤和保养的方法要求。一般制造商根据选用的面料，会相应地标注服装的洗涤要求和保养方法，消费者可依据厂方提供的洗涤和保养方法进行洗涤和保养。如出现质量问题，厂方应承担责任；反之，如消费者未按照制造商明示的方法进行洗涤而出现问题，消费者则应自负责任。

另外，还有产品的合格证，产品执行标准编号，产品质量等级，产品类别及其他标识。

最后要提醒大家的是品牌童装还会有厂商的童装注册商标，童装尺寸对照表等其他补充项目。

3.4.6　童装外观质量的鉴别

童装外观质量的鉴别，主要注意五项：

第一，看看主要表面部位有无明显瑕疵。

第二，缝接部位有无色差和纰裂，并留意一下里料"滑移"情况。

第三，服装上各种辅料、装饰物的质地。

第四，有粘合衬的表面部位如领子、驳头、袋盖、门襟处有无脱胶、起泡或渗胶等现象。

第五，目测童装各主要部位的缝制线路是否顺直，拼缝是否平服。

第六，查看童装的各对称部位是否一致。

第七，穿粉色、黄色、红色，人会显得活泼、亮丽，即使是穿灰色、黑色，人也会显得清秀、雅致，给人一种舒服自然的感觉。在注重色彩与儿童的肤色相适应的同时，还要注意儿童的体形与童装色彩的搭配。

3.4.7　童装尺寸测量与计算公式

一般情况下：大童：XL：58～60CM，中童：XL：50CM，中小童：XL：45CM，小童：XL：35CM。怎么样才能为儿童选择一件合体的童装呢？便捷的方法是让儿童直接试穿或进行精确测量，但是如果儿童不在场或无法测量时，只知道孩子的身高仍然可以通过计算选择合体的童装。

3.4.8　童装外观质量鉴别方法

一、童装的主要表面部位有无明显瑕疵

二、童装的主要缝接部位有无色差和纰裂

纰裂即通常所说织物"滑移"或织物"排丝"，纰裂程度达不到标准规定的指标，反映该件服装接缝强力不够，容易引起肩缝、袖窿缝、侧缝等处的缝口脱开而无法穿着。选购服装时可在侧缝处拉一下，看一下缝口是否有"滑移"现象；并留意一下里料"滑移"情况。

三、注意童装上各种辅料、装饰物的质地

如拉链是否滑爽、钮扣子是否牢固、四合扣是否松紧适宜等。要特别注意各种钮扣或装饰件的牢度，以免儿童轻易扯掉误服口中，造成气管异物，造成不必要的伤害。

四、有粘合衬的表面部位

如领子、驳头、袋盖、门襟处有无脱胶、起泡或渗胶等现象。

五、目测童装各主要部位的缝制线路是否顺直，拼缝是否平服

六、查看童装的各对称部位是否一致

童装上的对称部位很多，可将左右两部分合拢检查各对称部位是否准确。如：对左右两袖长短和袖口大小，袋盖长短宽狭，袋位高低进出及省道长短等逐项进行对比。

3.5 羊毛衫如何区分好坏

3.5.1 看标识

标识是一件产品的自我声明，也是消费者对其进行识别的基本依据。选购羊毛衫时要会通过标识识别其品质，选购所需的产品。正规企业生产的羊毛衫标识一般都符合强制性国家标准 GB5296.4 的规定，即每件羊毛衫应有产品说明标签及合格证，包括产品名称、商标、规格、纤维成分、洗涤方法、产品等级、生产日期、生产企业、企业地址及电话等，其中规格、纤维成分、洗涤方法必须使用永久性标签。如果产品的标签不符合这些规定，则很难相信其质量。

纯羊毛标志产品已成为高品质羊毛衫的同名词，并普遍为人们所接受。正因如此，假冒伪劣的纯羊毛标志产品也普遍存在。消费者在购买时一定要仔细辨别，真正的纯羊毛标志产品其永久性标签是统一的（包括尺寸、色泽、内容等），纯羊毛标志下方文字解释为"Pure new wool"或"纯新羊毛"，如果标注为"100%纯羊毛""100%全羊毛""纯羊毛"或纯毛标志直接绣在羊毛衫上，都是不正确的，也就难保其真实了。

3.5.2　细辨别

根据标签初步确认了羊毛衫的真实性和是否为自身所需后，还要核对标签内容的符合性，以进一步辨别羊毛衫的品质。例如，实际尺寸与标签所标是否一致，纤维成分与标签是否相符等。普通消费者鉴别纤维成分具有相当的难度，但只要掌握了基本方法，也是可以鉴别出来的。首先可取少许纤维烧一下，如有烧毛发的味道且灰烬焦脆可碾碎，则可认定是动物毛；至于是哪种毛、与标识是否一致，可参照前面介绍的各类毛衫的特点加以辨别，如认为有问题不能确认，则只能送到专业检验机构进行鉴定。特别要注意经常以次充好的几种情况，一是以混纺充纯毛，二是以细羊毛或去鳞片羊毛充羊绒，三是以锦纶充马海毛，四是以去鳞片粗毛充羊驼毛等等。

3.5.3　手感目测

手感目测是消费者辨别羊毛衫品质最直接和简易的方法。目测主要是看羊毛衫织造是否平整、表面是否均匀柔和、做工是否细致；手感就是通过摸、捏、抓等动作辨别羊毛衫表面光洁性、柔软性、丰满性、弹性等，如羊毛衫用纱不匀、做工粗糙、手感板硬无弹性，表面无光泽，则可怀疑其品质的真实性。

纤维的鉴别方法很多，归纳起来可为两大类。一类是较直观的感官鉴别法，另一类是利用各种纤维具有的不同的物理、化学特性进行某些试验以达到鉴别的目的。较常用的有燃烧法、显微镜鉴别法和溶剂解法。

3.5.4　感官鉴别法

此法不需要用任何物品或仪器设备，依靠自己的直观，长期工作的经验，根

据织物的手感和绒面来鉴别。兔毛的纤维长一般在30~50毫米。兔毛纤维多，说明兔成分比例高，产品高档。羊毛衫和腈纶衫（俗称假羊毛衫），由于腈纶纤维具有独特的似羊毛的优良特征，所以使人很难区别。但只要仔细观察，区别比较，也还是存在差异的。从直观上讲，羊毛产品比较柔软，而且富有弹性，比重大，色泽柔和。

3.5.5　燃烧法

羊毛产品，燃烧时，一边冒烟起泡一边燃烧，伴有烧毛发的臭味，灰烬多，为有光泽的黑色，必脆块状。腈纶产品，燃烧时，一边熔化一边缓慢燃烧，火焰呈白色，明亮有力，略有黑烟，有鱼腥臭味，灰为白色圆球状，脆而易碎。锦纶产品，一边熔化一边缓慢燃烧，烧时略有白烟，火焰小呈蓝色、有芹菜香味，灰为浅褐色硬块，不易捻碎。

3.6　针织服装质量检验标准

3.6.1　外观检验

一、粗细纱、色差、污渍、走纱、破损、起蛇仔、暗横、起毛头

二、领圈夹圈要平服、圆顺

3.6.2　布质检验

缩水、色差、扁机领、罗纹拉架对色程度和质地。

3.6.3　尺寸检验

严格按照尺寸表。

3.6.4　对称检验

一、衫

1. 领尖大小，领骨是否相对；

2. 两肩、两夹圈的阔度；

3. 两袖长短、袖口宽窄；

4. 两侧长短，脚叉长短。

二、裤

1. 裤腿长短，宽窄，裤脚宽窄；

2. 左右插袋高低、袋口大小、后袋左右边长短。

3.6.5 做工检验

一、衫

1. 各部位线路顺直，整齐牢固，松紧适宜，不准有浮线、断线、跳线现象，驳线不可太多且不能出现在显眼的位置，针距不能过疏或过密；

2. 上领、埋夹手势要均匀，避免领窝、夹圈容位过多；

3. 翻领款常见疵点：领筒歪斜，底筒外露，领边走纱，筒面不平服，领嘴高低，领尖大小；

4. 圆领常见疵点：领位歪斜大小边，领口起波浪，领驳骨外露；

5. 夹顶要顺直不起角；

6. 袋口要平直，袋口止口要清剪；

7. 冚脚多余止口要清剪；

8. 衫脚两侧不可起喇叭，侧下开叉款不可高低脚；

9. 冚条不可粗细不匀，不可太多太紧导致束起衫身布；

10. 哈梭线不可太多驳口，留意线头清剪；

11. 底面线要松紧适宜，全部骨位不可起皱（特别是领圈、夹圈、脚围）；

12. 钮门定位准确，开刀利落无线毛，钮门线平整无散口，钮线不可过松过长。

二、裤

1. 后袋留意做工不可歪斜，袋口要平直；

2. 裤头冚线要平行，不得弯曲，不得宽窄不均；

3. 打枣粗细长短及位置要合乎要求。

3.6.6 整烫检验

一、部位整烫平服，无烫黄、极光、水渍、脏污等

二、线头要彻底清剪

3.6.7　物料检验

一、唛头位置及车缝效果，挂牌是否正确，有无遗漏，胶袋质地

二、棉绳对色度，丈根厚薄及松紧度，落朴效果

三、全部按照物料单指示

3.6.8　包装检验

折叠端正平服，严格按照包装指示单。

3.7　牛仔裤及牛仔面料的选择

第一，通常从哪几个方面来检查一条牛仔裤的质量？答：面料质量、版型设计等。

一条牛仔裤的内在质量，主要是由面料质量、版型设计、车工质量、洗水质量、辅料质量等几个方面组成的。一条牛仔裤是否高档，除了做工精致和版型设计要好以外，面料和洗水的档次几乎决定了整条裤子的档次。

第二，为什么说面料质量对一条牛仔裤的影响至关重要？答：越旧越有味。

牛仔裤是很特殊的一类服装，它的主要特点是寿命很长，而且产品的价值随着寿命的增加也在不断地增加。也就是说越旧的牛仔裤，其实是应该越值钱的，同时也更漂亮。越洗越漂亮，越旧越有味，是牛仔裤不同于一般服装的显著特点。要达到这个目的，面料的质地无疑就显得至关重要了。

第三，为什么说批发市场上走货价在30元以下的产品，基本上是假货次货？答：正品成本高。

一条牛仔裤的成本主要由面料成本、加工成本、辅料成本、洗水成本、流通成本和商家利润组成的。在这些成本中，最易被人做假的就是面料了，做纺织服装这一行的，只要是对棉花和纱线价格稍为有点了解的人就知道，一条牛仔裤要消耗多少面料，而这部分面料有多重，所以很容易算出一条牛仔裤的面料成本。

第四，版型（裤型）是一个什么概念？答：版型设计是剪裁的重要参数。通俗地来讲，就是一条牛仔裤在放纸样时，所有裁片的各项数据和参数。

第五，如何检查车工质量？答：检查裤子里边后腰位置的商标的车线做工。你可以翻开裤脚看看，锁边线、车线质量就相对易看出来。在拉链处，各类线比较多，也可以看出车工是否精致。

第六，如何简单看洗水的质量和档次？答：越像经过多年穿洗后自然磨损的褪色效果，就越好。

洗水质量和档次是决定一条牛仔裤档次的主要因素。通常高档的牛仔裤，洗水会做得相对复杂，手工较多，而且洗水设计会比较有特点。

第七，如何挑选牛仔裤的颜色？答：靛蓝和蓝黑是最好的颜色。

以前牛仔裤的组织和颜色都很单一，现在牛仔面料也慢慢时装化了，在色彩上也变得丰富起来。但基本上还是以靛蓝和蓝黑为主。主要原因是蓝色洗水后的效果最让大众喜欢，而且经得住时间的考验。靛蓝是非坚固色，有越洗越漂亮的效果，所以它也是牛仔裤永恒的美丽色。

牛仔裤自面世以来，流行了一百多年，其颜色和款式虽然一直在不断变化着，但靛蓝和五袋款一直是其经典色和经典款。越简单越经典，这就是牛仔裤的特色之一。其实，真正很高档的面料，只适合通过做适当的洗水来体现它的档次，然后让时间来延伸它的高品质；如果那些很高档的面料，却用来做许多花哨的图案，实在是有点画蛇添足浪费材料。经典的东西，永远是靠内涵来体现的，牛仔裤也一样。

3.8 服装辅料检测

各种线、带、扣、标识、拉链等服装辅料是服装上不可缺少的组成部分，而这些辅料在生产过程可能会存在pH值、甲醛、禁用偶氮染料、色牢度超标等安全卫生隐患，辅料中的金属扣、环、拉链等可能存在重金属超标问题。目前，有

一些企业出口至欧盟、美国、日本的服装被退运，原因就是在服装辅料中被检测出有害物质含量超标。

有一家服装企业，出口到日本的一批儿童针织连衣裙在被抽查检测时发现，用在连衣裙腰部的松紧带甲醛含量超标，造成全批货物被退运；还有一家企业，其出口到欧盟的童装因饰带超长而整批货物被退运。可见，小小的辅料如果使用不当，会给企业造成很大的损失。

欧盟、美国、日本等国家和地区对服装的面料、辅料都有严格的安全卫生要求，一些知名品牌的大客户经常在服装投产前对全部的面料、辅料作安全卫生项目检测，防患于未然。我国强制性标准GB18401《国家纺织产品基本安全技术规范》中定义的纺织产品也涵盖了服装辅料，而辅料同面料一样须根据用途不同按A、B、C三类达到标准要求。

根据生态纺织品的要求，不同原料的辅料主要检测项目有以下几种：由纺织材料（含皮革）制成的辅料与面料检测项目相同，需检测pH值、甲醛、禁用偶氮染料、异味、色牢度等；由金属制成的辅料检测可萃取重金属标准释放量；由塑料制成的辅料检测可萃取重金属、禁用偶氮染料（颜料）、总镉含量、三丁基锡（TBT）。当然，除了生态纺织品外，对服装尤其是儿童服装可能还有一些其它安全项目要求，如输日服装的检针要求、输欧儿童服装饰带的长度要求等等。

在此提醒广大服装进出口企业，要加强自检自控能力建设，做好源头控制。在做好服装面料安全卫生项目检测的同时，对辅料千万不可掉以轻心，要认真研究进口国及一些品牌客户的标准，防止因小失大。

第4节　网店服装图片拍摄

经营网店的朋友最头疼的事莫过于服装的拍摄了，因为拍摄图片的好坏直接影响网店的经营业绩。

4.1　服装图片拍摄的重要性

一、拍摄器材

1. 数码相机。

一般 200～300 万像素的数码相机就足够网店商品拍摄使用，太大的图只会拖累你，处理起来对硬件要求也高。不过，对于初学者来说，只要电脑的运行速度还行，使用高像素拍照未尝不可，因为高像素照片更利于后期裁剪，而初学者由于构图不合理，往往需要大幅度裁剪。

2. 两盏摄影灯和反光板。

想在光线不足的环境下拍摄清晰的画面，如果没有辅助光源的话，基本上是非常困难的，这时准备几盏摄影灯是十分必要的。如果也不希望看到太多、太直白的光线打在被射物体上，那么一面反光板也是必需的，它可以让平淡的画面变得更加饱满、体现出良好的影像光感、质感。

3. 背景（纸/布）。

我们需要准备纯色背景，一般选取和主题反差较大的颜色，这样不仅能够更好地突出主题，而且对后期处理也有很大的帮助。如果你的要求比较简单，那么到文具店买厚包装纸做"背景纸"就可以了，最好买两张，一张白色，一张黑

色，成本不会太高，10元左右。还有一个更省钱的办法，就是将墙壁当作背景，前提是墙壁必须干净。

二、拍摄的细节

1. 用光技巧。

用光在摄影中是一个非常重要的环节。在光线不足的条件下，建议尽量避免使用闪光灯，因为闪光灯易造成曝光过度或者曝光不足。用光不外乎两种，自然光、人造光。自然光相对简单一些，一般选择在下午1至3点左右在靠近窗台的位置拍摄，那时候光线比较充足，有利于表现出衣服的立体感、空间感和质感。不过室内光线不充足时，很难拍摄出衣服的纹理，人造光相对难一些。如果有经济条件，可以购买多盏闪光灯，那么拍摄出来的衣服有"专业"效果。由于衣服面料不同，用光也有讲究。一般细腻质料的服装比较适合用柔和光，而粗糙质料的服装比较适合直接打光，以弥补质料差的缺陷。

2. 消除阴影。

一般而言，只要有光，就会有阴影。如果为了消除阴影而采取在商品两侧呈45度的角度进行对称照明的方式，虽然照明光线会均匀地投向两侧，但是商品也会因此产生两个对称的影子。

为了解决这个问题，就不能对称使用两盏照明，而要安排它们在不同的角度进行投射，或者使用不同强度进行投射。

所采用的照明是瞬间光源——闪光灯。为了更好地展示商品，有时需要多于两盏的闪光灯，但是建议初学者最多使用两盏，这是因为：其一，一般情况下，不专门从事摄影的人是很难同时控制多盏灯的；其二，购买多盏闪光灯所需的费用很高。如果能够熟练使用两盏闪光灯进行拍摄，那么以后同时驾驭多盏灯也不是难事了。

选择在不同的角度进行照明：此时，由于照明的角度不是对称的，也就不会对称地产生两个影子。而且，由于人眼会因此产生不规则性效应，人们在看照片时就不会感到阴影那么明显了。

使用不同强度进行照明：如果把其中一盏灯的灯光调得很强，另一盏调得很弱，那么，受到对面强灯光的影响，较弱的那盏就不会产生阴影。但在实际上，具有调光功能的闪光灯非常少见。如果不能调节光线的强弱，那么可以尝试改变它们与商品的距离，使其中一盏灯稍微靠近商品，另一盏灯稍微远离商品。这是运用了照明距离越远，照明光线越弱的原理。该原理只适用于人工照明，对自然照明而言，它是完全没有用处的。这个原理证明：光线的减弱程度与商品、照明两者之间的距离呈反比。也就是说，距离拉远为两倍，照明光线会减弱为 1/4。

3. 正确的色温（白平衡）。

色温对衣服颜色的真实还原有至关重要的作用，如果错误使用色温，那么就会导致衣服"变色"，与实际颜色有较大的差别。为了避免因色彩不准而引起买卖纠纷，我们必须要准确设定色温。

4. 多角度拍摄。

为了更全面地展示衣服细节，常常采用多角度拍摄，比如俯拍、仰拍等多种角度，从中选择一个最好的位置进行拍摄。这样做的好处除了多方位展示衣服之外，还可以尝试多种摄影构图，让人们在逛你的网店时，感觉到是在欣赏摄影作品。

5. 后期处理。

有人说，好照片都是后期处理过的，这点对于时间充裕的人来说，的确非常有效。但对于我们开网店的人来说，衣服物品多起来之后，就很难抽出时间对照片进行后期处理了。因此，真正的好照片，在拍摄时就已经考虑好了构图、明暗等，后期最多加点文字之类的。争取一步到位，不要寄希望于后期处理。

4.2 没有模特平铺拍摄技巧

照片对于网上服装销售很重要，尤其是女装，一款女装好不好卖图片占了 8

成，所以掌握好女装拍摄的技巧很关键。有钱的大卖家可以选择专业的摄影公司，专业的模特。没有钱的卖家呢？没有模特怎么办？选用平铺拍摄方法一样可以有大牌的感觉。这样的图片会用到一些 ps 技巧，要求店主多少掌握一些。

下面来讲讲平铺拍摄的一些技巧和工作注意点：

设置方面：

第一，曝光，把它设置成最小，因为越小照片会越细腻，当然也会越黑，不过这点可以用快门速度来弥补。

第二，白平衡，可以自定义，自动的也可以。

第三，景深，设置的是 F 值最小，只要拍清楚衣服就好。

第四，快门速度，这里极力推荐使用三脚架并设置延时拍照，因为在光线不充足的情况下要把快门速度设置很慢，不用三脚架拿不稳，拍出来不清楚。

第五，光线，白天有光的地方就可以，但不要阳光直射衣服，阴天也可以。晚上可以找 2~3 个节能灯把光打匀，节能灯要白色的。

第六，背景，纸、地毯、布均可。

第七，服装摆放造型，自由发挥，个人审美不一样。拍照修图，如果拍照掌握的好，基本就不需要修图了。

4.3 数码相机的选择

拍照在整个过程中起到了非常关键的作用，要想清晰表达商品的细节，照相机的选择是非常重要的。选择 CCD 尺寸大的数码相机：很多人认为像素越高拍出来的图片就越清晰，其实这个观点是错误的，用于淘宝拍照 500 万像素的数码相机就足够了。目前市面上常见的数码相机基本都高于这个像素值。因此，购买数码相机时不必拘泥于像素的高低，可以说，感光元件的尺寸比像素的高低更重要。也就是说，CCD 越大，他所能记录的图像大小也就越大。因此，应该尽量选择使用大尺寸 CCD 的数码相机，这样才能在拍摄时设定较小的压缩比率，记录下原商品大小的图像，确保更优的拍摄质量。

选择一款有 M 手动曝光模式的数码相机：通常一款数码相机具有 P 模式（程序自动曝光）、S 模式（快门优先模式）、A 模式（光圈优先模式）和 M 模式（手动曝光）。我们在摄影棚里拍照就必须要选手动模式（M 模式），该模式是由拍摄者直接设定快门速度和光圈的拍摄模式。此时，最好参考曝光计显示的数值来调节曝光值。在需要准确设定曝光值或者被摄体超出曝光修正范围的时候，适合使用手动曝光模式。

选择带有热靴接口的数码相机：数码相机与外置电子闪光灯要有可靠连接，热靴插槽就是执行这一功能的电子接点。如果在热靴插槽上安装外置闪光灯进行拍摄，那么在按下快门的同时，拍摄信号会通过热靴插槽的电子接点传递到外置闪光灯上，从而使闪光灯闪光。购买外置闪光灯时，会附送用以连接相机的闪光灯的线，使用者只需要购买连接转接器，把相机和闪光灯延长线连接起来就可以了。

4.4 背景的选择

如果按照色彩方面的区分，背景可以分为有色背景和无色背景。

一、无色背景：黑白灰

三种无色系，比较容易表达服装本身的材质。

黑白灰三色是最中庸，也不容易犯错的，用法有高调跟低调之分。高调自然是白色背景加上高明度的服装，会让人产生清新明快的感觉。运用得当的话，会使服装显得高贵、典雅。

灰色属于无色系中最没有个性的，用什么颜色的服装与之相搭配，整体就会呈现相接近的色彩感受。

黑色自然属于是低调的系列了。运用得当的话会极具艺术感，使服装显得极其高贵。当然如果运用不得当，就会使人压抑、情绪低落。

创业指向标

二、有色系：赤橙黄绿青蓝紫

如果不是色彩达人，刚刚开始配色的时候，服装的色彩和背景的色彩不要使用色轮成180°角相对的颜色，这种大对比想要配合好不是很容易掌握。开始的时候尽量使用色轮上面相接近的颜色，这样的搭配较为柔和，虽然不会特别出彩，但是绝对不出错。

建议初学者多使用浅色的背景，这样会让愉悦充满整个画面，使服装拍摄出来更加靓丽。

4.5 服装图片拍摄的技巧

开服装网店，最重要的就是把服装最好的一面呈现给买家，给买家展现最真实最漂亮的的一面，这不仅有助于吸引顾客，提高销售额，更有助于提升店铺形象。服装图片的拍摄非常需要技巧，不同的服装面料要使用不同的灯光和相机设置。

一、细节要做到

刚进的衣服由于折叠会比较皱，可以先用熨斗烫平整再拍摄，图片的效果会更好。衣服熨烫平整后，拍摄前最好先把它们分类，如按色系、材质分。这样可以避免拍摄时不断调整和变换拍摄方式。

二、注重光线调节

拍摄时，不同类型的衣服要有稍微的调整，比如深色棉质衣服，需要把曝光适当增加，纯白色衣服需要适当减少曝光。丝制、棉加丝类或者毛衣，这类衣服比较难拍摄，在拍摄时有反光或者大量纹理，由于纺织密度高，数码相机有时分辨率不够或者因为反光等原因会出现太阳纹。要适当调整光位，或者调整拍摄角度。在选择光线方面，细腻质料的服装比较适合用柔和点的光；粗糙质料的服装比较适合直接打光，以弥补质料差的缺陷。如果光的调整还不是非常完整，那么就要借助图片处理工具修饰一下了，注意修饰的过程中不要让图片和实物有太多的差别。

三、手不要颤动

在拍摄过程中,手绝对不能颤抖,否则会抹杀了服装质感的表现。

四、使用装饰物

如果是单个服装很难拍出动感的一面,可以使用真人拍摄,抑或借助包包项链或者腰带,给服装来个漂亮的搭配。如果你的搭配足够漂亮足够打动买家,那么服装的销售就不会有困难了。

五、复制和模仿

复制和模仿可不是剽窃,和临摹毛笔字帖一样,对于初学者来说要多看看别的店铺的经验,多多向开店拍摄的高人取经,看看精美的图片,学习和模仿他们的搭配原则和方法,从中感悟和创造更好的服装拍摄的造型。

4.6 让淘宝服装拍照成为艺术的八个实用技巧

4.6.1 用光

用光是服装拍照的头等大事。

摄影艺术的本质就是通过捕捉某个场景的光线来创造一种艺术的演绎。从本质上讲,摄影就是用光绘画。

在摄影术和闪光灯发明之前很久,古典画家们就知道把绘画主体安排在大窗子附近。大窗子就像巨大的柔光箱,创造合适的光线,让画家捕捉到他们想要的情绪。

没有好的光线就根本不要去按快门,否则你的照片和那些傻瓜相机瞎拍出来的不会有什么两样。

4.6.2 主题

必须得有光才能拍照,所以光列在第一条,它绝对是服装拍照的基石。但服装拍照的主题也是同样重要的。场景、支撑物、饰品、姿势以及情绪表达,它们结合起来讲述一个故事，而服装拍照得保证这是一个值得讲述的故事。

4.6.3 对焦

对焦不仅仅是考虑对在那里，还要考虑这个衣服照片要用多大的景深来表现。想要多大程度上虚化背景/前景？主体有多少部分需要合焦？通过适当的镜头搭配，在这方面可以有相当大的灵活度，而这能对效果产生巨大影响。

此外，不要忽视转换焦点的可能性。一般而言合焦在眼睛上是好的，有时可以合焦在嘴唇上；有时为了创造一种戏剧化的张力，可以使拍摄主体脱焦而将焦点对在其他地方，比如说手、或者模特拿着的某件物品。

4.6.4 背景

背景的一般原则是保持简单。对于初学者来说需要注意避免的一点是融合——即在照片里背景和衣服看上去有种要融合在一起的趋势。比如要小心别让背景里的衣服看上去像是从主体的脑袋上长出来的。

4.6.5 构图

好作品和不好的作品的一个关键差别就是构图。这就要求摄影时考虑形状、构图、框架、解度、负空间，以及把焦点设置在哪里可以获得最大的视觉冲击等等。

4.6.6 色彩

应确保色彩之间相互协调。如果不协调，可以更换搭配衣服、场景等。

4.6.7 纹理

照片是二维的，因此很难表现出好的纹理感。最好的方法是使用强烈的形状、构图以及光线角度来衬托场景中的纹理。

4.6.8 曝光

曝光不仅仅是获得适当的曝光来记录场景那么简单，比方说在亮暗对比特别强烈的场景中就得做选择。可以为暗部获得适当的曝光，或者为亮部获得适当的曝光，但通常无法两者兼得。这可能是件好事，因为这样就可以选择高调拍摄或者低调拍摄，用曝光来强调一些部分并弱化其他部分。

4.7 拍摄方式

一、保持相机的稳定

许多初学者常会遇到拍摄出来的图像很模糊的问题，这是由相机的晃动引起的，所以在拍摄中要避免相机的晃动。可以双手握住相机，将肘抵住胸膛，或者是靠着一个稳定的物体。并且要放松，整个人不要太紧张。就像是一个射手手持一把枪，必须稳定地射击。

二、让太阳在你的身后

摄影缺少了光线就不能成为摄影，它是光与影的完美结合，所以在拍摄时需要有足够的光线能够照射到衣服上。最好的也是最简单的方法就是使太阳处于你的背后并有一定的偏移，前面的光线可以照亮衣服，使它的色彩和阴影变亮；轻微的角度则可以产生一些阴影来显示出衣服的质地。

三、缩小拍摄距离

有时候，只需要简单地离衣服近一些，就可以得到比远距离拍摄更好的效果。你并不一定非要把整件衣服全部照下来，有时候，对衣服的某个具有特色的地方进行夸大拍摄，反而会创造出具有强烈视觉冲击力的图象出来。

四、拍摄样式的选定

相机不同的举握方式，拍摄出来的图象的效果就会不同。最简单的就是竖举和横举相机。竖着拍摄的照片可以强调衣服的高度，而横举则可以突出衣服的宽度。

五、变换拍摄风格

你可能拍摄过很多衣服，但它们很可能都是一种风格，看多了就会给人一种一成不变的感觉。所以你应该在拍摄中不断地尝试新的拍摄方法或情调，为你的衣服增添光彩。比如说你可以分别拍摄一些衣服的全景、特写镜头或单个、多个等等。

六、增加景深

景深对于好的拍摄来说非常重要。我想每个卖家都不希望自己拍摄的衣服看起来就像是个平面，没有一点立体感。

七、正确的构图

拍摄好衣服构图非常关键。摄影上比较常见的构图就有三点规则：画面被分为三个部分（水平和垂直），然后将被摄物体置于线上或是交汇处。总是将衣服置于中间会让人觉得厌烦，所以不妨用用三点规则来拍摄一下你的衣服。让人们在逛你的小店时，感觉到是在欣赏摄影作品。

4.8 淘宝服饰拍摄技巧，如何在街拍时摆 pose

现在淘宝服装店都会请一些模特拍摄一些街拍照片，但是模特在街拍时如何摆 pose 才能突出你的服饰呢？

一、头部和身体忌成一条直线

两者若成一条直线，难免会有呆板之感。因此，当身体正面朝向镜头时，头部应该稍微向左或是向右转一些，照片就会显得优雅而生动。同样道理，当被摄者的眼睛正对镜头时，让身体转成一定的角度，会使画面显得有生气和动势，并能增加立体感。

二、双臂和双腿忌平行

无论被摄者是持坐姿还是站姿，千万不要让双臂或双腿呈平行状，因为这样会让人有僵硬、机械之感。妥当的做法可以是一曲一直或两者构成一定的角度。这样，就既能造成动感，姿势又富于变化。

三、尽量让体型曲线分明

对于女性被摄者来说，表现其富于魅力的曲线是很有必要的。通常的做法是让人物的一条腿实际上支撑全身的重量，另外一条腿稍微抬高些并靠着站立的那条腿；臀部要转过来，以显示其最窄的一面；胸部则通过腰部的曲线，尽量显示其高耸和丰硕感。同时，人物的一只手可以摆在臀部，以便给画面提供必要的宽度。

四、坐姿忌陷

表现被摄者坐姿时，不要让其像平常一样将整个身体坐进椅子。如果这样，她的大腿就会呈现休息的状态，以至于腿上端多脂肪的部分隆起，使腿部显得粗笨。正确的做法是让其身体向前移，靠近椅边坐着，并保持挺胸收腹，这样可以避免肩垂肚凸的现象。

五、镜头宜远不宜近

一般来说，拍人像照，距离远些总比近些好。因为当镜头（尤其是短焦距的镜头）离被摄者很近时，会出现畸变现象。因此，摄影时应选择合适焦距的镜头，并让镜头和被摄者保持一定的距离。根据实践我们知道，若是使用标准镜头拍摄人物头像，最佳距离应在 6~8 英尺（1.8~2.4 米）之间；拍胸像则应在 8~9（2.4~2.7 米）英尺之间；拍全身像，以 13~22 英尺（3.9~6.6 米）之间为宜。

六、表现好手姿

被摄者的手在画面中的比例不大，但若摆放不当，将会破坏画面的整体美。拍摄时要注意手部的完整，不要使其产生变形、折断、残缺的感觉。如手叉腰或放到口袋里时，要露出部分手指，以免给人以截断的印象。

4.9　模特面对镜头的技巧

摄影作为一种艺术表现形式，要求模特在镜头前具有特殊的表现力。这种表现力的形式，除了借助气氛的烘托、光的运用、角度的调整、视点的切入外，模特的主观表达意识和客观情绪的流露会起到画龙点睛的作用。

一幅成功的新闻、风景摄影作品，不要求画中人参与作品的构思和表现意旨。但服装、广告、人像摄影中的模特无疑是作品的灵魂，能令一幅作品从平庸

创业指向标

呆滞走向出神入化的视觉感受。因此，模特面对镜头的技巧至关重要。

功夫在诗外。作品体现出的模特风采绝非快门开启的瞬间形式，而是长期以来个性的发展、修养的积累、表现手法的揣摩、对自身的认识以及对摄影作品意图领会的综合结果。

作为一个优秀的淘宝服饰专用模特，以下几点尤为重要：

首先要认识到自身的长短，扬长避短是摄影师处理人像效果的主旨，也是模特自身发挥特质的基础。没有人是完美无缺的。通过对以往的照片形象进行认真审视，发现自身的优点和缺陷所在，并与摄影师协商可能的解决方案。

其次，认识到自身的与众不同之处是模特不流于平庸，能吸引众多视线的决定性因素。仅仅是美并不足以形成强大的冲击力。或如东方的含蓄温婉，或如西方的明朗艳丽；或至纯，或至媚；或有笔墨书香，或具山野气息等。总之，凸现与众不同的自我才有可能出人头地。

第三，自身涵养的体现很重要。轻浮浅露不能令一幅作品有过人之处，这也是模特的大忌。内外结合的美感会通过镜头展现出来。

第四，熟悉并挖掘各种表现手法。模特需具备展现多种表情的能力，瞬间即可表现出不同种类的喜怒哀乐，并能够基于自身的特质形成自己的风格。

最后，体会作品意图，溶入自身的构思。成功的摄影作品不仅仅是摄影师独立创意的结果，而且常常是模特与摄影师共同达成的某种默契。模特下意识地参与摄影师的构思、构图、用光等具体操作，并赋予摄影师意外的创意灵感。真正溶入摄影师的创作过程将是一种非常愉快的合作经历。

第5节　服装的运输

服装行业一直在不断地发展壮大，国内服装行业发展势头相当良好。从电视等各个渠道看到最多的广告恐怕就是大大小小的服装品牌，从男装的西服、夹克，再到女装的裙子、裤子，各种款式型号，令人目不暇接。作为衣食住行之一的服装行业呈现出一派繁荣景象，供需相当旺盛。然而，透过服装行业这繁荣的面纱，很难想象这背后隐藏的是困难重重的物流现状。

最近几年物流行业也是飞速发展，物流行业已从简单的托运发展到了高端物流，但服装行业和物流行业的结合点即服装物流还没有真正的发展起来。

现在许多服装企业也对物流很重视、也愿意投入，但是许多负责人却不懂得如何利用物流资源，也不清楚这种投入所能带来的价值，以至于许多企业在对物流的投入上显得较为盲目。

许多服装企业基本上都是自己在运输配送和仓储。这是因为：

第一，不想让其他企业知道自己的产品销售状况，更不想在新品还没有上市之前就被其他企业获悉，这牵扯到商业机密问题。

第二，服装在包装、运输等环节容易出现的安全性问题也给第三方物流企业提出了较高的要求，比如货物丢失、货物破损以及受潮、霉变等情况。有些高档服装价值很高，使很多企业不敢将产品交给第三者。

第三，在服装行业里，物流运输配送仓库占了销售利润的很大比例；服装行业如果把这个外包出去，自身的利润就会降低不少。

第四，在服装行业中，不同分类的服装产品对物流的季节性要求比较特殊。比如女装的季节性比较显著，对产品在补货上快速响应的要求就较男装高出许

多。

第五，对于规模较小的企业来说，其对运输、仓储的要求并不是很高。而对于那些大品牌的服装企业来讲，大部分都有了一套成熟的运输配送和仓储管理方法，也不想交给第三者去做。

第六，目前的第三方物流企业还不能够完全满足服装企业的需求，专业化的服装物流企业还比较少。

为此提出以下几种解决措施：

一、物流运输行业自身的建设发展

针对服装行业对物流企业特殊性的要求，比如季节性、安全性等方面做出改进，建设更多网点，能够进行快速调度；加强自身建设，提供良好优质的服务、高效的配送效率。

二、服装行业网络体系建设

积压是国内服装业遇到的最大难题，牵涉到信息流、物流、资金流等一系列问题。其中物流是否通畅，即原料采购、生产到配送是否及时、有效，是关键问题之一，也是过去企业经常忽视的。形成一个完整有效的供应链，第三方物流是大势所趋，有效地利用第三方物流可以更好地降低运营成本，加速库存周转，更好地调配服装。

三、物流信息化

依靠物流信息平台，例如从九牛物流网上可以对物流企业信息及时了解，得知最新业界动态，从而帮助服装企业进行信息挖掘、信息分析以及决策分析。服装企业的物流信息化建设不仅可以降低企业的营运、销售以及物流成本，而且还可以帮助企业缩短产品循环周期，以此来最大限度地满足客户的需要。

第四章　服装的进货和仓储

第6节　服装库存的原则

6.1　服装库存现状

坐公交车或地铁时，我们常会看到这样的广告，服装尾货大卖场开业了，尾货市场名品折扣等。尾货是什么呢？无非就是库存卖不了的货。近几年尾货市场越来越多，可见库存的服装越来越多。究其原因，在于企业越做越大，仓库也越建越大。销售额翻了几番，帐面上的流动资金却没见增长多少，几年辛苦的积累，都跑到仓库去了，这是服装企业最普遍的现象。通常企业都有成品仓库、原材料仓库，大一点企业的加上分公司、办事处的仓库，代理商仓库、经销商仓库，光仓库数量就已经不是小数目了。管理落后点的，甚至根本不知道自己仓库里到底有多少价值的货品和材料。

比如保暖内衣行业前几年着实风光无限，然后就是集体跳水再到行业的几乎整体崩溃，为什么会这么快跳水？因为市场容量有限，产品卖不出去，库存积压太多。所以，一旦有品牌点燃导火索，价格大战马上一发不可收拾。南极人、俞兆林等保暖内衣行业的领导品牌今年还在到处抛售其前几年的库存。

休闲服装市场这几年增长很快，据说光广州北京路，一年就有过亿的休闲服销售额。中山沙溪也成为一个全国知名的休闲服装生产基地，沙溪一个知名的休闲服厂家，2001年销售额为1个多亿，而其仓库库存也达到了一个亿以上，几乎和销售额持平，该厂家可谓是喜忧参半。休闲服饰对流行非常敏锐，所以更新淘汰很快，一不小心就会带来大量的库存。比如，广州北京路的班尼路、佐丹奴等，时常见到新品上市的时候八九十元左右，而到换季的时候则经常19元、29元一件的疯狂大甩卖。厂家出于处理库存、回笼资金的角度考虑而进行甩卖，而甩卖的结果是什么？消费者对品牌的价格体系产生严重怀疑。前几年，据调查，佐丹奴还是消费者心目中的服装名牌，而现在呢，还有几个人会以穿佐丹奴而荣？

西装、衬衫等男装产品，是相对款式变化较慢的品类，似乎落伍淘汰的风险相对要小些。但你只要去看看现在杉杉、雅戈尔等巨头在很多特卖场处理前几年的产品的场景，你就知道他们面临的库存压力有多大了。现在聪明的消费者通常都会选择在转季的时候买衬衫，因为那时候必然有很多品牌会为清货而进行打折。

女装日子更难过，女装款式、面料更新很快，女性消费者谁也不愿意自己落伍。女装企业卖不出去的产品到第二年恐怕连处理都难了。积压的产品在仓库里越堆越久，越堆越多。这也是制约中国女装发展，至今缺乏大品牌的主要原因。我们很难找到一两个全国性的女装知名品牌。大点儿的女装品牌充其量都只是在局部区域有一定的领先地位而已。

做文胸的内衣企业更是深受库存所累，文胸产品订料、生产周期长，对市场必须有一定的预测性和前瞻性。但谁也不敢保证自己的眼光百分之百的准确，如果产品库存不够的话，一旦畅销肯定就会断货，再去补单生产又错过了市场；但一旦某些产品滞销，就必然会导致大量的库存。南海一家大型内衣企业，2002年就因为发展过速，库存过大，导致资金链濒临断裂，原材料商拒绝供货，车间技工大量流失，差一点就要关门大吉。

6.2 掌握七要素，服装库存不积压

时间就是速度，效率就是金钱。现在的科技飞速发展，产品更新换代的速度越来越快，市场也是越来越细化，竞争更是越来越激烈，导致客户的需求也越来

越难以预测和把握；很多经销商由于缺乏市场把控或管理不善等原因，经常会造成许多商品库存不同程度的积压。

若产品出现大量积压，不仅占用了公司的运作资金，耗费人力、物力，也使公司的管理成本、获利成本增加，拉长了产品的周转周期，降低了公司的整体利润，影响公司的发展。严重的还会使销售流通公司青黄不接，资金周转不灵，导致瘫痪。

为了避免服装库存积压，我们总结了以下七要素供大家参考：

一、做好市场调研，合理要货

二、勤跑终端，了解要件

三、监控终端，日报销量

四、制订政策，加快周转

五、少进少出，快进快出

六、密切关注，集中清库

七、因时因地，精确配额

6.3 如何处理库存

眼下，服装企业或多或少都受库存所累，一般情况下企业是如何处理库存，降低风险的呢？

有人说：处理库存要讲"快、狠、准"三字诀，要知道，回收回来的资金才是利润。话虽然有一定的道理，但又存在一个问题：如何处理？在生产严重过剩的今天，到处打折呼声一片，处理库存往往是一厢情愿。打折降价吧，必然会影响品牌的整体形象和价格体系，降低顾客对产品的忠诚度；不打折吧，服装产品太容易落伍过时，放在仓库只会越来越贬值，最后变成废布一堆。目前服装企业处理库存主要的方法有：

一、在大商场设立特卖场或设立特价品专卖卖场

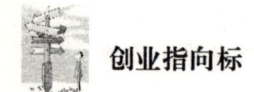

一些大中城市的主要商场一般都会设立特卖场，供一些品牌特价销售货品，以吸引顾客。很多品牌的特卖销售额甚至已经超过正价产品的销售额。中国老百姓的钱包毕竟还不是那么鼓，所以特价的品牌产品市场还是蛮大的。一些消费者也已经形成这种消费习惯，非打折不买。

二、作为促销赠品发放给客户经销商

这一方法主要可以刺激经销商多进货，作为渠道奖励的一种比较有效的手段。但如果管理不当，容易造成经销商把特价品随意抛售，因而影响品牌形象；而且，过多特价品的存在，又必然会影响经销商正价品的销售。

三、换商标改成其他品牌出售

这不失为处理库存的一种比较好的方法，可以有效减少特价处理对本品牌形象的伤害，但也带来很多管理上的难度；而且，毕竟是库存品滞销品，改商标能不能销售出去也是个未知数。况且，消费者也会对该商标是否假冒存在疑虑，对原品牌存在一定的冲击。

四、转换流通渠道，走批发市场销售

有很多品牌，一方面走大中商场、专卖店的销售渠道销售，另一方面又走批发市场经营，而且产品单价相差比较大，这也是他们的一种经营策略。一些老款相对滞销的款式就以较低的价格从批发市场流通出去，而专卖系统则维持比较稳定的价格，树立品牌的整体形象。因为，它们面对的是不同层次的消费人群，表面上看来似乎对品牌的影响也比较小。但品牌的整体形象和价格体系容易紊乱，也容易引起商场和批发商之间的矛盾。

五、在卖场作为特价品吸引顾客

绝大多数服装企业不具备实力，也不愿意去另外开设特卖场，通常就在主卖场摆设花车，进行特价品的销售。这种方式，其实很矛盾，对主卖场的形象直接产生影响，让人对该品牌的价格产生怀疑。这样，好不容易积累起来的一点品牌效应，往往又被特价活动所冲淡。但众多品牌都采用这种方式，一般企业也顾不上考虑这么多了。

六、外销销往不发达国家

这类企业往往需要较大的销售能量，要有好的外销经验和能力，或者与外贸公司有良好的合作关系。绝大多数服装企业是不具备外销能力的，所以，这种方法也只能被少数大型企业采用。

6.4 解决企业库存问题

据悉，我国库存及闲置物资总量超过3万亿元，且仍以每年5%的速度递增，但盘活的总量每年仅有100亿元。由于这一领域还缺乏更多的投资者介入，大量库存品并没有被盘活。

造成服装库存的原因：从市场需求角度来看，中国幅员辽阔，经济发展极其不均衡，需求呈现多样化，对消费者尤其是对不同等级市场需求特点的研究是服装行业比较欠缺的，这样就造成企业无法将自己的产品精确地或者有针对性地投放到这些需求者的市场上去。一方面是大量的库存，一方面是服装消费严重落后。

对此英昂咨询提出了"降龙十八掌"来解决企业的服装库存问题，以便于服装企业进行参考：

第一掌，专业库存销售公司。

据了解，近来在库存中淘金的人也越来越多。下面我们来看看服装经销商和库存服装经营者不同的看法：

一位服装经销商说，他们代理的品牌正价货品，如果一件衣服标价为100元的话，那么一般的进货价为45元（含税）。再加上商场25%以上的扣点，100元的货品仅剩下30元的利润。这30元的利润中，还要承担货品价格10%左右商场VIP卡的扣点、5%左右的商场柜台装修费用、7%左右的员工工资、办公费用。这样算下来，利润也仅为8%左右。而每一季的货品，控制得再好，也还有5%的库存。这样加加减减，经销商实在挣不了太多。

创业指向标

一位专业做库存服饰的老板连连将其称之为服装行业中的"第二桶金"。他说:"做库存商品,往往比销售正价商品更赚钱。"他给也算了一笔账:以100元的正价货品为例,服装经销商在清理库存的时候,一般以1折左右的价格成包地批给库存经营者。上海还曾经出现过最低0.5的进货折扣。按照库存消化一般低于5折的规律,10元的进货价最高可以卖到50元。对商场来说,组织特惠专场,对商品的扣点一般仅在10%左右。也就是说,50元的商品,仅仅扣去5元。除此之外,特惠商品不使用VIP卡,也没有什么柜台的装修费用,人员工资与办公费用相对也减了大半。这样,50元中至少赚30元,利润率为6%。

根据以上两者的分析,有一点是肯定的,后者帮助前者解决了问题,并且还获取的可观的收入,这就是问题的解决之道!

当然,做库存服装销售也不能盲目地进行,一位做了5年库存生意的浙商也提醒,别把"库存"作为简单的"宝库"而轻视其风险。首先是充裕资金的保证,库存品不同于畅销货,如果库存品贸易商看中一批货,就得全盘吃进,而且厂家绝大部分要求现金支付;同时对于库存品的后期市场也要求作出敏锐的判断。

第二掌,折扣店。

当然企业解决库存问题的途径也不是单一的,其中最为普遍的是企业建立自己的折扣店,在一定程度上解决了上述问题,折扣专营店相对于经销商来说是一种较新的经营模式和理念。这些折扣店的大量涌现一方面说明了它适应消费者的消费需求,另一方面也反映了广大服装品牌的经营需求。首先,明确的市场定位使折扣店更加有精力、有能力专攻折扣商品的销售,所以在宣传和组织销售活动方面都比品牌自己更有经验,为品牌经营者节省了自己去逐步摸索的时间,从而把更多的精力投入到新品的运作中。其次,折扣店有相对较大的面积和规模,可以使销售得到更好的业绩。

像美特斯邦威、高邦、森马、拜丽德等休闲服,开设专门特卖场处理库存,不失为一个好办法,既不影响新货又很快处理了存货,收到了比较好的效果。去

年这种特卖场刚在五马街、公园路开出来时，生意火爆极了。据悉，一个品牌休闲服特卖店在短短一个多月里，处理库存达到上百万件。

第三掌，在卖场作为特价品吸引顾客。

绝大多数服装企业不具备实力也不愿意去另外开设特卖场，通常就在主卖场摆设花车，进行特价品的销售。这种方式，其实很矛盾，对主卖场的形象直接产生影响，让人对该品牌的价格产生怀疑。这样，好不容易积累起来的一点品牌效应，往往又被特价活动所冲淡。但众多品牌都采用这种方式，一般企业也顾不上考虑这么多了。

第四掌，库存商品交换广告。

毫无疑问，投入广告肯定可以给经销商带来某些效益，而且经销商做广告很多时候还可以获得厂家的一定支持，而很多媒体广告在操作过程中其实是可以用货品来充抵的。

很多广告公司会为了获取价格优势，常常买断一些媒体时段，然后再进行转手。但当有些时段没有及时转手出去时，广告公司为收回成本常常会同意企业用部分或全部产品来充抵广告费，而广告公司则可以获取产品作为公关礼品或者公司的福利产品来发放给员工。不仅仅是广告公司，一些媒体也愿意将一些多余的广告时段来换取实用的产品。

一位经销商朋友谈成一笔广告，用800套保暖内衣充抵一笔8万元的电台广告费。(该保暖内衣市值180多元/套，但经销商进货价格仅60元/套）而该电台在年底开客户联谊会的时候，则将保暖衣作为礼品送给来参会的客户。经销商不仅用库存换取了广告效益，而且还用8万元的发票向总公司申请了50%的费用报销。经销商相当于没花很多钱，却获得了8万的广告回报，还及时清理了手中的库存。

第五掌，展销会。

比如上海的一些羊毛衫企业比较喜欢通过经销商在各大中城市组织、参加一些产品展销会，其实主要目的也是清理其巨大的库存。展销会主要依靠价格优势吸引顾客，因而能吸引到购买库存品的特定消费群体，直接将库存品展销出去。

第六掌，贴牌出售。

这不失为处理库存的一种比较好的方法，可以有效减少特价处理对本品牌形象的伤害，但能否最终得到消费者认可也未可知。

第七掌，批发市场销售。

第八掌，附带营销。

第九掌，适度特卖。

任何一个服装经销商想要实现零库存都是不现实的，因此，可以掌握好节奏，在适当的时候做些适当的特卖活动，比如，团购、VIP 惠售、发行优惠券、时间段抢购、节假日促销等等，都是不错的方法。一般来说，这样的方法不太会损害经营者的信誉、形象，也不容易影响与供应商的关系。

第十掌，及时调货。

只要新进的款式在 3 天内没有人询问，或者在 5 天内没有售出，便迅速返回经销商那里调换其他颜色或款式。目前服装批发市场的竞争非常激烈，批发商为了尽量多卖货，一般都允许调换同款的其他颜色或款式。对于那些不允许调换的批发商，坚决不去拿货。

第十一掌，大力发展团购业务。

逢节假日，诸如保暖内衣、羊毛衫、羽绒服、西服、童装等有一定共性的产品都适合发展团购业务。很多大的服装经销商在当地都拥有一定的人脉关系，可以充分利用这些关系开展团购业务，因为服装是生活必需品，所以必然存在有团购市场。而团购能产生批量销售，对清理库存很有帮助。

春节前夕，某羽绒服经销商通过关系拓展了三笔团购业务，共团购出库存羽绒服 1200 件，因出货价格比较低，除了各项公关投入，基本上也没产生什么利润，但这 1200 件团购产品，即刻给他收回了 10 来万元的现金。

第十二掌，寻找特殊的销售渠道。

当现有的销售渠道不够用，无法消化库存的时候，我们可以考虑针对目标消

第四章 服装的进货和仓储

费群体，是否还存在其他形式的销售渠道。

据了解，在南京的一个经销商朋友手上曾经有一万余套名牌运动服的库存，经过业内人士提醒和策划，该经销商找到了一个方法。南京有很多所大专院校，而大学生们显然是运动服的主要消费者群体，但很多学生则因为经济问题而买不起名牌运动服。该经销商联系上了10多所学校，以低于市场零售价格30%的价格将运动服卖给在校学生，同时每套给予相关体育负责人10%的提成。3个月后，居然通过10多所大学处理了7000多套库存运动服。

第十三掌，典当行变成"急救站"。

近些年，服装行业发展较快，中小服装企业逐渐增多，然而库存给中小服装企业带来一定的资金压力，企业需要寻求一种较好的融资方法，而典当行也要积极拓展业务。双方的相互需求，产生了吸引力，服装企业库存的服装也走进了典当行。

第十四掌，主打"时间差、地域差"。

说到底，由于时间的滞后性，库存服装在款式、面料上显得不再时髦，那它的市场在哪里呢？有这么一位经销商，从广东一些企业里拿货，原来100元/件的服装可以10元、15元拿到，拿到云南卖的时候，可以卖50元，在市面上仍然大受欢迎。而且去企业收购时实行反季节策略，冬天进春夏服装，夏天就进秋冬服装，这样，在价格上往往能占些优势。"我们打的就是'时间差'和'地域差'。"将库存服装收购回来后，就得用上多年积累编织的三张销售网络：一是凭借12年经营积攒下来的遍布各地的客户资源网；二是人际关系网，10多年热心慈善事业、诚信的经营，早已为他赢得了良好的声誉；三是互联网。据了解，刚进入库存市场的他，还准备组建物流产品仓储中心、市场行销中心、互联网信息中心，目标是在当地发展成集投资、收购、生产、营销为一体的服装企业。

第十五掌，捐赠。

不知什么时候，有企业家发明了这样的清库方法，每年将库存的没有办法再销售的产品捐给贫困地区，而不再将那些落时的服装费心思地去卖，又博得有关

部门的好评。发明这样清库办法的老板蛮得意的。但这样的做法，有一点公关的意思，但并不涉及企业行为。

第十六掌，借助网络

中国库存网、浙江库存网等都有相当高的人气的专业网站都是由浙江企业家创办，在商品流通业发达的义乌，据不完全统计，至少有几十家企业从事库存买卖。这就给库存企业带来了信息沟通的平台。

第十七掌，产品外销。

近年来中国的服装出口贸易越来越发达，经销商可以通过自己的人脉，寻找出口的途径，因为国外的消费者对于外来产品缺乏一定的分辨能力，这在一定程度上解决了库存问题，也为自己拓展了一条国际化的销售渠道。

第十八掌，内部消化。

所谓内部消化是指经销商可以将库存商品作为一种福利赠予自己的员工，或者对于员工经营服装店的亲戚朋友在价格上给予一定的优惠。

以上十八点是解决服装库存的策略。企业应该结合自身的现状，有的放矢地处理库存问题，在制定库存销售计划时要考虑自己是否了解了这个市场、这个渠道。因为做到了因时因地制宜，库存量就不会走向极端，既不会形成大库存积压而增加经营成本，又不至供不应求而脱销。

第五章
服装的陈列及搭配技巧

- 第1节　陈列的重要性及陈列原则
- 第2节　服装陈列常用方法
- 第3节　陈列的技巧
- 第4节　服装陈列设施的选择
- 第5节　色彩要素在店铺陈列中的作用
- 第6节　服装店中灯光的布置营造
- 第7节　衣服颜色搭配的方法

第五章　服装的陈列及搭配技巧

第1节　陈列的重要性及陈列原则

陈列是以商品为主题，利用不同商品的品种、款式、颜色、面料、特性等，通过综合运用艺术手法展示出来，突出货品的特色及卖点以吸引顾客的注意，提高和加强顾客对商品的进一步了解、记忆和信赖的程度，从而最大限度引起购买欲望。这是陈列的文字定位，也是陈列向消费者展示的功能。

1.1　服装陈列的意义

在现代社会里，进入品牌竞争年代的服装业，在终端卖场的舞台上已经不能仅凭"个人英雄主义"来获得商业上的胜利。在整合营销的思维下，由产品、品牌文化、营销策略等各种元素组成了一个全方位的终端推广系统。而在这个系统中，卖场陈列设计已经越来越显示出它的重要地位。

服装卖场陈列设计是在品牌文化的主线条下，通过对终端卖场通道的规划、产品的摆放、灯光、POP海报、音响等的精心设计来促进服装的销售及品牌文化的传播。

和许多国内服装品牌对"轰炸"式广告的热衷不同，国外服装品牌在进入中国时，大都采用较为理性的广告策略。他们更重视卖场终端的形象，对卖场进行精心策划，如员工的导购技巧，灯光给人的冷暖的心理感受，甚至小到一块地砖的材质和色彩。一个成熟品牌给人的第一感觉应该是具有高度美感的视觉享受。所以像迪奥、香奈尔、古琦等这样的国际品牌才能够让人耳熟能详。它们无论从品牌的字体、颜色、产品风格，还是从品牌的终端形象推广上，都做到了保持绝对的独一性、统一性。相比而言，许多国内品牌在声势浩大的广告攻势和豪华的卖场装修背后，呈现的是货架上零乱的陈列、过期的招贴及不规范的导购，使顾客对品牌的信任度大打折扣。

在整合营销的观念中，产品优劣只是决定销售成功的一部分，要取得好的销售业绩，还必须有好的导购技巧和令人愉悦的店堂形象。而要达到这样一种良好的形象，就必须科学地规范终端卖场陈列，因此有的学者把卖场陈列设计称为"视觉营销"。要制造吸引顾客的"磁场"就必须在陈列上狠下工夫，卖场要通过整洁的店堂、合理的通道规划、美观时尚的产品、精彩的广告、悦目的灯光、动听的音乐等各种元素来展示其富有特色的品牌文化。因此在现代服装营销中，终端陈列的作用显得越来越重要。

在新时代的环境里，放眼商场里的陈列，一部分是为了功能，还有一部分是为了艺术。

在品牌营销时代，卖场不只是一个简单的销售场所。卖场的功能一方面是销售货品，使商家在这里获取商业利润，但同时卖场又承担起传递品牌文化的角色。

在卖场的陈列规划中，功能和艺术好像是一对无法分离的孪生姐妹，她们常常形影相随。所以我们在做卖场陈列方式规划时，既要考虑功能性，也要考虑艺术性。但也不能过分强调一面，因为卖场不是仓库，也不是一个纯粹的秀场。

我们既要排除不符合营销规律、华而不实的陈列方式，也要避免只追求功能性的思维。毕竟，在一个张扬风格的年代，我们没有理由放过任何一个可以体现品牌性格和个性的环节。

要真正做好一个科学的卖场规划，要求我们在规划之前，必须熟悉和了解以下的相关内容：

一、充分了解人体工程学

二、理性地分析服装陈列尺寸及陈列的基本形式

三、熟悉并了解终端的营销规律

四、充分理解品牌文化和风格

只有在这样一种充分了解的基础上，才可以真正开始对卖场的陈列方式进行规划。

1.2 陈列的三个层次

服装卖场陈列根据工作目标和结果的不同，我们大致可以把它分为三个层次。

一、规范

卖场中首先要保持整洁，场地干净、清洁，服装货架无灰尘，货物堆放、挂装平整，灯光明亮。假如连这点都做不到，我们就无法去实施其他陈列工作了。规范就是卖场区域划分，货架的尺寸，服装的展示、折叠、出样，要做到能按照各品牌或常规的标准统一执行。

二、和谐

卖场的通道规划要科学合理，货架及其他道具的摆放要符合顾客的购物习惯及人体工程学，服装的分区划分要和品牌的推广及营销策略相符合。同时还要做到服装排列有节奏感，色彩协调；店内店外的整体风格要统一协调。

三、时尚、风格

在现代社会里，服装是时尚产物，不管是时装还是家居服，无一不打上时尚的烙印，店铺的陈列也不例外。卖场中的陈列要有时尚感，让顾客从店铺陈列中清晰地了解主推产品、主推色，获取时尚信息。另外，店铺的陈列要逐渐形成一种独特的品牌文化，使整个卖场从橱窗的设计、服装的摆放、陈列的风格上都具有自己的品牌风格，富有个性。

1.3 陈列的误区

服装店主们在服装陈列上观点不一，有些观点是实用的，对服装卖场的经营

有很大的促进作用；有些观点就比较偏颇，不适用于服装卖场的经营。下面给出服装陈列认识上的几个误区，供大家借鉴。

第一种是陈列无用观点：认为终端的销售除了产品以外主要靠营销技巧，陈列只是一种装饰，是一种装点门面用的可有可无的东西。

第二种是陈列万能观点：认为陈列可以迅速提升销售额，比营销手段还重要。持这种观点的人往往在每一次陈列师做完陈列后，希望营业额会有飚升。假如陈列对营销没有促进，他们又很容易成为陈列无用论的拥护者。

第三种是狭义的陈列观点：认为陈列师的工作就是摆摆衣服。卖场陈列师不重视卖场通道的规划，或把通道的设计交给了店铺设计师；把POP的设计交给了平面设计师；陈列师的工作往往是接受一堆已经设计好的服装，一个已经规划好的卖场，一张已经设计好的POP。在此之前，这些不同分工的设计师之间又往往没有任何的交流。最后的结果是造成陈列师工作面的狭窄，工作被动，陈列创意主题牵强，卖场整体感不强。

陈列是终端中重要的一环，但它必须要和其他环节一起，和终端的其他环节互动，形成一个完整的终端营销系统，才能使陈列起到真正的作用。

良好的陈列状态应该是有机、互动、全方位的。只有让服装设计师了解陈列，让陈列师了解服装设计，才能把设计师的设计理念毫无保留地传递到终端；同时让服装设计师更多地考虑卖场终端的状态，在设计中对产品进行调整。建议在每次的产品规划时要求陈列师参与产品的规划设计讨论，使一些好的陈列思想在设计阶段就得以贯彻。

1.4 商品陈列的原则

商品陈列的基本原则有四：
一、陈列的安全性
要保证陈列的稳定性，保证商品不易掉落。

二、陈列的易观看、易选择性

三、陈列的易取性、易放回性

顾客在购买商品的时候，一般是先将商品拿到手中从所有的角度进行确认，然后再决定是否购买。当然，有时顾客也会将拿到手中的商品放回去。如所陈列的商品不易取、不易放回的话，也许就会仅因为这一点便丧失了将商品销售出去的机会。

四、陈列展示的经济原则

①陈列的重点位置应是资金搞回转率和高毛利的商品。

②相关性商品陈列必须靠近。

③畅销商品必须排列于主动线黄金段。

④商品分类说明必须明确清楚。

1.5 店面、橱窗分类陈列原则

一、店面分类陈列原则

划分区域：根据服装类型划分，在陈列时要配合公司品牌形象，根据本店的正门、季节性以及顾客习惯性的行走路线和消费爱好来安排同季、同类、同系列产品陈列同一区域单元，并加以适当的配衬和装饰，使货品能更具说服力和吸引力，进一步扩大店铺的销售。

区域划分标准：

主题区（根据公司季节性货品设计）

休闲区（T恤、毛衫、休闲裤、茄克）

西服区（西服、西裤、衬衫、邻带）

配件区（鞋、皮带、皮包、钱包）

根据店铺面积大小、货品实际情况划分区域，从外观上达到有系统、层次分明、主题突出的感觉，让顾客有一个舒适的购物场所、环境。在对店铺的陈列整体进行规划时，应注意相关货品的就近摆放，以方便附加推销的进行。充分利用空间，便于顾客的触摸。使款式、颜色相互搭配以突出主题。

二、橱窗陈列原则

橱窗陈列可以突出店铺品牌形象，起到画龙点睛的作用，是店铺陈列中一个最重要的环节。

模特所穿衣服展示必须用适当的尺码（要合身），不能太大或太小。橱窗模特所穿的服装应是本店主推货品（新季货品）。

三、货品陈列原则

根据由薄到厚、由短到长、由浅到深、由左到右、由上到下，净色、条纹、格子等特征来划分。

1. 象鼻的陈列。

统一放四件衣服（最多两个款色、两个码），象鼻面向顾客的第1件挂装必须做打底配衬。

2. 挂通的陈列。

统一件数。每米挂衬衫16件左右，毛衣15件左右，西装8件左右，茄克10件左右，休闲裤22条左右，西裤26条左右；挂通上外套第一件和最后一件必须做打底配衬，而且方向必须相反，码数由外场向内场递减。

3. 叠装的陈列。

统一叠数、件数。

每块层板统一放1叠（叠数根据层板大小而定），每叠件数统一放薄装3件、厚装2件。夹克、西装、裤类避免作叠装陈列；在不同区域的层板上应摆放不同的主推产品陈列，另加POP广告、画册告示。

四、配件饰品、礼品的陈列原则

此组货品较为零乱，但摆放应遵循乱中有序、寻求简明、美观大方、价格明鲜、触摸方便的原则。

礼品应放在显眼的地方，旁边伴以相应的POP宣传海报或较为明显的告示标志。

五、促销品、POP 广告的陈列原则

1. 促销品应陈列于店铺内较为显眼处，例如橱窗、中岛货架、收银台等。
2. POP 广告品的使用应根据公司设计人员的设计要求摆放。

1.6　服装陈列的基本要求

一、安全性

对于服装的陈列而言，安全性主要体现在道具的选择上。要保证道具的完好无损及平衡性和稳定性，以使商品不易掉落。

二、方便性

方便性主要是让商品陈列的方式和结果使顾客观看方便、选择方便、取放方便。

三、整洁性

注意去除货架上的锈、污迹。对于卖场内的通道、地面也要经常进行清扫。

保持商品的平整，展示商品要经过熨烫才能展示出来。

四、新鲜感

陈列首先要符合季节的变化，不同的季节性促销活动使卖场富于变化。为达到这个目的，卖场陈列要注意以下三点：

1. 设置与商品相关的宣传海报，相关商品集中陈列。
2. 通过照明和背景音乐渲染购物氛围。
3. 演示商品的实际使用方法来促进销售。

五、经济性

为了提高收益，要考虑将高品质、高价位、收益较高的商品与畅销商品搭配销售，与关联商品陈列在一起，便于增加商品的连带销售。

六、适时性

降低陈列道具成本的同时，要提高其使用效率，防止商品的损耗。

七、视觉性

展示应突出重点，增强视觉效果，创造卖场的特点。展示重点商品时，要选择同类中色彩较鲜艳，款式、面料较时尚的做重点陈列。如：一些小型的配件商品，在展示的时候，可能不会被顾客注意到；如果运用一些夸张的商品图片来吸引顾客的注意力，就会起到增强视觉效果的作用。

1.7　店铺陈列的周期变动与日常维护

店铺陈列的周期性变动应根据所在地的季节特征和消费习惯来进行。应每个季节大调一次（换季），每个月要对店内的陈列小调一次（包括货品的展示方法、摆放位置和配衬品），并且要有专人（领班）跟进店内的陈列变动，由店长进行督查和指导。

店铺陈列的日常维护主要包括有货架的清洁，货品的保护（整烫），以及模特展示的更换（3天一次），各种货品标识（吊牌）的整理（销售间隙）。

第2节 服装陈列常用方法

2.1 陈列方法

2.1.1 科学分类法

大多数服装店经营的种类都比较多,可以按年龄顺序排放。进门是少年装,中间是青年装,最里是老年装或童装;或左边是中档价位的服装,右边是高档价位的服装,最里边是提供售后服务的场所。科学的分类给顾客选购和店铺管理都带来了方便。

2.1.2 经常变换法

服装店经营的是时尚商品,每刮过一阵流行风,时装店的面貌就应焕然一新。如果商品没有太大的变化,则可以在陈列、摆设、装潢上做一些改变,同样可以使店铺换一副新面孔,从而吸引顾客前往。

2.1.3 连带摆放法

将同一类消费对象所需要的系列用品摆放在一起,或将经常搭配的款式放在一起。

2.1.4 循环重复法

有些服装样式放在某一位置时间太长,由于光线和四周款式的影响等原因而无人问津,这时将里边货架上的衣服移到外面的货架上,则会更加令人注目。通过循环重复,再配以新款式上架,整个服装店就会给人以常变常新的感觉。

2.1.5 衣柜组合法

在每个季节,消费者的衣柜都是一次全新的组合,各种场合、各种用途、各

种主题的款式丰富而有序。随着都市生活节奏的加快，人们更需要衣柜组合设计方面的服务。服装店在组合商品时，不妨利用这种心理，在销售商品的同时也增加一项家政设计方面的服务。组合可分为单人组合、情侣组合、三口之家的组合等。

2.1.6 装饰映衬法

在服装店做一些装饰衬托，可以强化服装产品的艺术主题，给顾客留下深刻的印象。如在童装店的墙壁上画一些童趣图案，在情侣装周围摆上一束鲜花，在高档皮革服装店放上一具动物标本等。但装饰映衬千万不可喧宾夺主。

2.1.7 模特展示法

大多数时装都采用直接向消费者展示效果的方法销售。人们看到漂亮的展示，就会认为自己穿上也是这般漂亮，这是一种无法抗拒的心理。商店除了吊挂展示和货架摆放展示，还可采用模特展示。一般有真人、假人模特展示，漂亮的营业员也可以充当模特，世界上第一位商业模特就是这样诞生的。

2.1.8 效果应用法

人们进店看到的首先是一种效果，这种效果并非仅仅靠服装款式本身就能够形成，其他的许多相关因素都会影响到整体效果。如播放音乐、照射灯光、放映录相等，都与服装购买者的心情有关，也与商店的品位、可信度有关。一些大商店设置儿童托管站，最终都是为了有好的销售效果。时装店安装大幅面镜，不仅在视觉上扩大了店铺的空间，也方便了顾客试衣。

2.1.9 曲径通幽法

古人有"曲径通幽处，禅房花木深"的美妙诗句。服装店的货柜布置要有利于顾客的行走，并使之不断走下去，给人以曲径通幽的感觉。对于纵深型的店铺，不妨将通道设计成S形，并向内延伸。对于方矩形场地的店铺，可以通过货架的安排，使顾客多转几圈，不至于进店后"一览无余"，掉头便走。

2.2 服装店铺陈列操作方法

2.2.1 挂装准则

一、采用统一特制衣架来展示服装，特制衣架为不同的服装设计

二、同款式服装采用同尺寸衣架

三、挂装正面朝同一方向

四、调整好服装上的衣纹折皱并保持整件服装的平整

五、将服装平衡悬挂于衣架上

2.2.2 上衣挂法

一、西服应以里配衬衫系领带为宜

二、立领茄克，立起衣领，袖口放进口袋内，保持袖子平整

三、翻领茄克，领口放宽，稍向外翻

四、每件上装之间应保持相同的间距

2.2.3 西裤挂法

一、全长度陈列西裤时，采用 M 型夹法，并须陈列侧面，可正挂，亦可侧挂

二、半长度陈列裤子，只可采用侧挂

三、侧挂时，裤子的后半部分靠近墙面

四、拉上所有拉链

五、所有褶皱或不干净之处都必须整烫清洗后再进行陈列

2.2.4 领带陈列法

一、展示的滚桶形领带以三角形几何形状为宜，亦可精品盒装陈列

二、滚桶形领带以稍露出带尾为佳

尺寸准则：分类放置时，保持一致的尺寸顺序是关键。遵循逻辑顺序便于客人寻找所需尺码。

正挂时，从前至后，由小到大。

侧挂时，从左到右，由小到大。

置于草搁板上的叠装，从上到下，由小到大。

2.3 外贸服装店的陈列方法

根据外贸服装自身的特点，外贸服装店在陈列中也要讲具体的陈列方法。一般来说，它主要包括分层陈列法、悬挂陈列法、组合陈列法、堆叠陈列法、几何图形法等几种。

一、分层陈列法

主要用于柜台或柜橱陈列，是指陈列时按柜台或柜橱已有的分层，依一定顺序摆放展示外贸服装。分层摆放时一般是根据外贸服装本身特点、售货操作的方便程度、顾客的视觉习惯及销售管理的具体要求而定，可分为柜台陈列和柜橱陈列。

1. 一段式陈列。

同一类商品以模特或全壁面式展示商品，其表现力较平庸，必要时须加入辅助装饰以突出展示主题。

2. 两段式陈列。

将壁面分上下二段，上下段商品有关联性，上一段用以表现陈列主题，下一段为量感陈列。

3. 三段式陈列。

如壁面过高，则采用三段式较为适宜。上段对于个子较矮的顾客来讲不容易看完整，而中段较容易看得到拿得到，因此中段一般用作表现陈列主题，下一段为量感陈列。作三段式陈列时要注意陈列的整体性，不可各说各的话，下段有时候作玻璃式橱柜亦可。

二、堆叠陈列法

该法是将商品由下而上罗列起来的陈列方法。一般用于本身装饰效果较低，又是大众化的普通商品。

三、几何图形法

该法是指将商品按几何图形进行陈列的方法。一般适用于小外贸服装，具体又分为两大类：一是用于柜台内平摆的陈列装饰，它将精制的小外贸服装摆放成不同的图形，形成近距离观赏的优美小环境。但对购买频率高的通用小外贸服装来说，此法不可采用；体形稍大的小外贸服装也不适用此法，因为近距离视觉效果较差，外贸服装较大一般使人感觉散乱不整。二是用于柜橱、墙壁、橱窗上的立式陈列装饰，实质上是悬挂陈列的发展。就是把小外贸服装或顾客熟悉的小外贸服装的内包装固定在席子壁上，组成几何图形或文字。它主要考虑装饰的中远距离效果，这种装饰多是单一的陈列，而不是销售。

第3节 陈列的技巧

3.1 服装陈列的分类

服饰陈列技术是服饰店长与店员都应该熟练掌握的一项业务操作技能。合理地陈列商品可以起到展示商品、刺激销售、方便购买、节约空间、美化购物环境的重要作用。据统计，店面如能正确运用商品的配置和陈列技术，销售额可以在原有基础上提高10%以上。

一、主题陈列

给服饰陈列设置一个主题的陈列方法。主题应经常变换，以适应季节或特殊事件的需要。它能为专卖店创造独特的气氛，吸引顾客的注意力，进而起到促销商品的作用。

二、整体陈列

将整套商品完整地向顾客展示，比如将全套服饰作为一个整体，用人体模特从头至脚完整地进行陈列。整体陈列形式能为顾客作整体设想，方便顾客的购买。

三、整齐陈列

按货架的尺寸，确定商品长、宽、高的数值，将商品整齐地排列，突出商品的量感，从而给顾客一种刺激。整齐陈列的商品通常是店铺想大量推销给顾客的商品，或因季节性因素顾客购买量大、购买频率高的商品等。

四、随机陈列

就是将商品随机堆积的方法。它主要适用于陈列特价商品，为了给顾客一种

"特卖品即为便宜品"的印象。采用随机陈列法所使用的陈列用具，一般是圆形或四角形的网状筐，另外还要带有表示特价销售的提示牌。

五、盘式陈列

实际上是整齐陈列的变化，表现的也是商品的量感。一般为单款式多件排列有序地堆积，将装有商品的纸箱底部作盘状切开后留下来，然后以盘为单位堆积上去；这样可以加快服饰陈列速度，也在一定程度上提示顾客可以成批购买。

六、定位陈列

指某些商品一经确定了位置陈列后，一般不再作变动。需定位陈列的商品通常是知名度高的名牌商品，顾客购买这些商品频率高、购买量大，所以需要对这些商品给予固定的位置来陈列，以方便顾客，尤其是老顾客。

七、关联陈列

指将不同种类但相互补充的服饰陈列在一起。运用商品之间的互补性，可以使顾客在购买某商品后，也顺便购买旁边的商品。它可以使得专卖店的整体陈列多样化，也增加了顾客购买商品的概率。它的运用原则是商品必须互补，要打破商品各类间的区别，表现消费者生活的实际需求。

八、比较陈列

将相同商品按不同规格和数量予以分类，然后陈列在一起。它的目的是利用不同规格包装的商品之间价格上的差异来刺激他们的购买欲望，促使其因廉价而做出购买决策。

九、分类陈列

根据商品质量、性能、特点和使用对象进行分类，向顾客展示的陈列方法。它可以方便顾客在不同的花色、质量、价格之间挑选比较。

十、岛式陈列

在店铺入口处、中部或者底部不设置中央陈列架，而配置特殊陈列用的展台。它可以使顾客从四个方向观看到陈列的商品。岛式陈列的用具较多，常用的有平台或大型的网状货筐。岛式陈列的用具不能过高，太高的话，会影响整个店

铺的空间视野，也会影响顾客从四个方向对岛式陈列的商品的透视度。

3.2 服装货架陈列要点

一、醒目化

为了吸引消费者，便于消费者参观选购，零售卖场应根据服装的特点灵活选择服装的展示部位、展示空间、展示位置、叠放方法等，使顾客一目了然。

二、丰富感

服装属于选购商品，消费者在购买时希望有更多的选择机会，以便对其质量、款式、色彩、价格等认真地比较。在陈列时服装整齐有序、货品齐全、丰富，使消费者感到选择余地大，而且，店里有欣欣向荣的感觉。

三、合理化

根据消费者的心理要求和购物习惯，对于同一品种或同一系列的服装货架应在同一区位展示。陈列的高度要适宜，易于消费者观看感受，提高服装的能见度和正面视觉效果。

四、艺术美

服装货架的陈列，应在保持服装独立美感的前提下，通过艺术造型使服装巧妙布局、相互辉映，达到整体美的艺术效果。陈列的方法要新颖独特、构思巧妙，对消费者有一种挡不住的吸引力。要讲究一定的审美原则，美观、大方、匀称、协调，还可以恰如其分地运用一些饰品等，充分运用艺术手法展示服装的美。

五、说明性

服装货架的各种说明资料，如价格、货号、面料、品牌、产地等，应该全面、真实，便于消费者全面了解服装货架商品。

3.3 商品展示的设计

商品展示设计必须从形式、强调、平冲、比例、和谐、秩序、反复、韵律等

方面展示美学构成要素。

一、形式

对商品材料做安排与组合，并配合空间、造形、色彩与光线而形成一个完美整体。

二、强调

将商品主体烘托成鲜明突出的视觉重心，加强某一细部的视觉效果与感受。

三、比例

不同的比例会产生迥然不同的感觉。

四、和谐

量与质的对比，需互相调和，才能产生和谐的感觉。

五、分割

能将中间某段降低一层或增高一层，则该部分就会引人注目。

六、充填

架上如果空空的，就会给人一种商品匮乏的感觉。所以除了商品之外亦可用花朵、道具来代替。

七、均冲

要左右对称固然能取得均冲。

八、韵律

断断续续配置商品，但仍嫌呆板单调。

3.4 店铺设计要考虑到的

3.4.1 店铺是顾客找到所需商品的地方

店铺本是顾客与商家进行交易的地方。最近流行的"市场营销"的说法，其中心理念系强调"以客为尊"或者"消费者取向"，此乃商业经营的根本所在。

3.4.2 店内通道乃为顾客而设

店铺设计要以顾客为主来做考虑。为了方便顾客参观选购，通道设计必须能

让顾客自由接近商品摆放的地方，这才能发挥店内通道的原有功能。

通道按照使用性质有三种分类：

顾客通行＝顾客通道

员工通行＝员工通道

搬运商品＝商品搬运通道

3.4.3　以商品为基准来思考设计

所谓"商品"非仅指称有形的商品，还包括所谓"服务"这种无形商品。

3.4.4　店铺设计时，必须调合店内构成因素

店铺设计要以立地条件作为基础。店铺是为了顾客存在，因此在店铺设计上除了要与经销的商品相互关联，也要以顾客为主来做考虑，此时商品结构必须根据需求进行调整。

3.4.5　店铺是消费行为心理与商店经营效率的连接点

店铺设计，不仅能够降低消费者的排拒心理，更能激发消费者对店铺的好感，使其乐于来此消费购物，而且对提升销售业绩乃至经营效率也有帮助。

3.4.6　店铺设计上需考虑到各种经营效率问题

具体而言，就是如何提升进货、上架、陈列、销售等作业效率。其次是空间效率的问题，亦即在一定的空间内，如何以最有效率的方法来摆置商品。

3.5　外贸服装陈列的形式

外贸服装陈列是运用视觉表现手法、各种道具，结合时尚文化及产品的定位，运用各种展示技巧将外贸服装的特性表现出来。陈列要根据外贸服装的展示目的、展示方法以及购物方式的不同而变化。合理的外贸服装陈列可以起到展示外贸服装、刺激消费、方便购买、节约空间、美化购物环境、提升品牌形象、营造品牌氛围、提高品牌销售等各种重要作用。外贸服装的陈列对于外贸服装店来说至关重要。

悬挂式陈列分为横式陈列、纵式陈列、横式与纵式结合陈列三种。

一、横式陈列

横式陈列方法是让消费者看到外贸服装的正面，这种陈列的功能是让消费者在较远距离就能够全面了解外贸服装的款式特征、工艺制作，使消费者更直观地了解外贸服装的细节特征。横式陈列容易引起消费者的注意并产生联想，激发他们想了解更多产品信息的好奇心理。在对消费者的调查中发现，消费者非常喜欢这种直观、且可省时间的陈列方式。

横向陈列起到引导消费者进入外贸服装店的作用。但陈列外贸服装的80cm～120cm黄金段以外的外贸服装很容易被忽视，因而降低了销售率。

二、纵式陈列

纵式陈列方法是让消费者看到外贸服装的侧面，其功能是让消费者清楚地看到外贸服装的品种、色彩等，便于消费者触摸。纵式陈列为消费者提供全面的产品信息，使消费者通过对外贸服装的比较进行选择。在实际的操作中，这种陈列方式由于外贸服装比较密集，使消费者在选购的时候不够方便。外贸服装在使用纵式陈列时，陈列的外贸服装数量不宜太多，要留出适当的空隙以方便顾客挑选。

纵向陈列能使顾客静止地选择，但幅度过于狭窄则会缺乏丰富感，顾客必须移动目光才能比较和选择商品。采用纵向陈列时，同类外贸服装的陈列幅度至少要有90cm，还可以根据顾客视线和外贸服装的距离确定最佳的幅度。

三、横式与纵式结合陈列

横式陈列与纵式陈列相结合是这两种功能的综合表现，不仅可以有效地调整空间陈列中的节奏，还可以人为地创造出消费者视觉停顿点。

悬挂式陈列要注意避免外贸服装在触摸时，出现掉落、器材倒塌的危险状况。垂吊的外贸服装与顾客的眼光高度要适当，外贸服装悬挂得太多、太低有碍外贸服装店的透明度；在通道上悬挂陈列妨碍外贸服装店的流通。悬挂式陈列的外贸服装易脏污、易残破，外贸服装店在陈列时应注意勤更换，不使一种外贸服

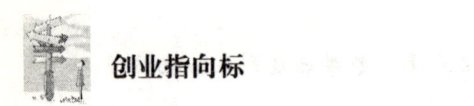

装长期悬挂，尽量减少商品的损失。

3.6　陈列心理

心理学研究表明，在人所接受的信息当中，有83%来自视觉，11%来自听觉，其他6%来自嗅觉、触觉和味觉。

用最显眼的方式陈列——视觉吸引

音响的试听——听觉吸引

香水的香味——嗅觉吸引

伸手可及的商品陈列——触觉吸引

展示品试吃——味觉吸引

视觉营销（VMD）即Visual merchandise display，就是运用人类的这种心理，借助无声的语言，实现与顾客的沟通，以此向顾客传达产品信息、服务理念和品牌文化，达到促进商品销售、树立品牌形象的目的。

AIDA效果模式，即：注意（attention），兴趣（interest），愿望（desire）和行动（action）。陈列方案包括：

一、陈列品分类

二、陈列步骤

三、陈列搭配

四、陈列形式

五、特殊陈列

六、陈列协作

3.7　陈列品分类

服装类，配件类，道具类

一、服装类

1. 上衣分：

衬衫、T恤、背心、毛衫、

西服、夹克、风衣、薄棉服、

棉服、羊绒大衣、皮衣、羽绒服

2. 下装分：

裤子、裙（套裙）

3. 细类：

上装

衬衫：有男女衬衫，分长袖、短袖

T恤：翻领+圆领，分长袖、短袖

背心：V领

毛衣：圆领+V领+翻领+开衫

西服：有男女西装

男休闲西服

女休闲西服

下装

裤：休闲裤+牛仔裤

裙：女裙

二、配件类

袖扣、休闲领带、钱包、手提包、斜挎包、腰带、打火机、手表、笔记本

三、道具类

模特、展台、边岛、中岛、展示架、精品柜等

3.8 陈列步骤

步骤1

创业指向标

选定陈列主题和产品；

由陈列面的中间部分开始陈列并从上而下；

善用平衡、重复、系列、色彩陈列原则。

步骤2

选定陈列主题和产品；

从上而下陈列；

善用平衡、重复、系列、色彩陈列原则。

步骤3

保持左右对称平衡；

从上而下陈列。

步骤4

选定陈列主题和产品；

与步骤1的陈列原则相同。

步骤5（完成）

陈列完成后请检查整个陈列面是否平衡。

对称、色彩是否协调，系列是否清楚。

最后再检查重复陈列的数量是否足够。

第4节　服装陈列设施的选择

服装陈列效果与陈列设施的选择有很大的关系。只有当陈列设施的类型、形状、尺寸等与陈列的服装相配合时，才能获得最佳的陈列效果。在选择服装陈列设施时，应考虑以下几个方面：(1) 陈列设施的形状、尺寸与材质要与卖场场地配合；(2) 根据陈列服装的开放程度选择陈列设施，如封闭式货架、半开放式货架、开放式货架；(3) 根据陈列服装的放置形式选择陈列设施，如吊挂式货架、叠放式货架、模特等；(4) 根据陈列服装的特点或季节选择陈列设施，如对较厚重的服装，摆放货品的层板应该较厚；夏天的服装要采用玻璃层板，让消费者产生凉爽的感觉。

一、衣架的选择

衣架的材料一般有木质和塑料的，分为单独的裤子衣架、单独的裙子衣架、单独的上衣衣架、组合的外套衣架。裤子衣架一般采用挂式，裙子衣架采用夹式，上衣衣架制作成肩部的曲线形式，组合的外套衣架同时可以挂上衣和下装。

二、挂衣柜的选择

挂衣柜是衣柜和吊架的组合，可以吊挂西服、领带或袜子等。

三、壁式陈列柜的选择

壁式陈列柜与墙面相连，材料用木质装修，可以陈列男装的衬衫、领带、T恤衫等。

四、陈列展示台的选择

陈列展示台可以根据销售卖场的具体要求制作，材料的选择有木质、玻璃、铁制等，形状可采用方柱形的、圆台型的、封闭的或开放的。货品展示台是为了让消费者看得更清楚、拿取方便，货品一般不用包装或采用透明包装。

五、人台和人体模特的选择

人台和人体模特常用来展示最流行的服装或重点服装。人体模特有两种，一种与真人的形象相同并加上皮肤的颜色和毛发；一种皮肤为白色或灰色，头发造型是雕塑状，应用范围较广。不同品牌的服装会选择与品牌定位、品牌个性相符的人体模特。需要注意的是，人台和模特的选择尽量统一，而且摆放时留出一定的空白空间，排列不要太满。

在服装陈列时，无论采用何种设施，都要让消费者容易接触服装，方便购买，并有一种美的享受。

第5节　色彩要素在店铺陈列中的作用

5.1　店铺陈列展示中的色彩常识

一、色彩的基本运用

1. 色彩的来源：光，没有光就不存在色。于是就产生了色谱：

此色环是为了容易了解而将其单纯化之物，以红．黄．绿．蓝4色为基本色，其间有各种的混色（红＋黄——橙，黄＋绿——黄绿，绿＋蓝——蓝绿，蓝＋紫）的配置，上下简单的分成了暖色系和寒色系。

2. 色彩形成的两大因素：

科学因素：如：同一物体因光源不同而产生色彩变化，物体于物体之间反射光的相互影响使色彩的表现不同。

感情因素：指色彩给人的影响。同一色彩因人不同而产生的感受不同。

色彩是视觉反映最快的一种。是美感中最大众化的形式。

二、色彩的三要素

1. 色相：色彩的相貌和彼此间的区别。

2. 协调色、对比色、补色：

首先要读懂色环，在赤橙黄绿青蓝紫的丰富色彩中，红、蓝、黄是基本的三原色，比如绿，是由蓝黄两色调出来的，每两个颜色之间存在着协调、对比、补色三种关系。

在色环上挨得越近的颜色越接近，比如红与橘便是一对协调色。隔开的便出

现差距，比如绿和紫便是一对对比色。对比最强，反差最大的称之为补色，如红与绿、黄与紫便是补色。

3. 色彩的明度：

指色彩的明暗程度（深浅）。不同颜色相比较的明亮度。

如：赤橙黄绿青蓝紫中，黄色明度最高，兰色、紫色则最低；

同一颜色中，加入黑色后，明度降低，加入白色后，明度升高。如浅红的明度高于大红，大红又高于深红。

4. 色彩的纯度：

指色彩的鲜艳程度和颜色中所含彩色成分多少，是颜色的纯粹程度。例如：黄色中掺入一点黑，或其他颜色，黄色的纯度就会降低，颜色略变灰。

三、色彩的感觉

1. 色彩的冷暖感：

红色、橙色、黄色为暖色系；蓝色、蓝绿色、蓝紫色为冷色系。绿紫色和无彩色属于中性色。在无彩色中，白色偏冷，黑色偏暖。

2. 色彩的轻重感：

由色彩的明度决定。明度越高分量越轻；色谱中，黄色最轻，紫色最重。白色轻，黑色重。

3. 色彩的远近感：

由色彩的纯度决定。纯度高的往前进，纯度底的往后退。可以形成色彩的层次。

四、色彩的搭配

1. 同类色相配：

指深浅、明暗不同的两种同一类颜色相配，比如：青配天蓝，墨绿配浅绿，咖啡配米色，深红配浅红等，同类色配合的服装显得柔和文雅。

2. 近似色相配：

指两个比较接近的颜色相配，如：红色与橙红或紫红相配，黄色与草绿色或橙黄色相配等。近似色的配合效果也比较柔和。

3. 强烈色配合：

指两个相隔较远的颜色相配，如：黄色与紫色，红色与青绿色，这种配色比较强烈。

4. 补色配合：

指两个相对的颜色的配合，如：红与绿，青与橙，黑与白等，补色相配能形成鲜明的对比，有时会收到较好的效果。

5.2　商品色彩的配置计划

商品色彩的配置计划可以增加整体商品陈列的色彩美感。

一、依光谱色彩排列

按照红、橙、黄、绿、蓝、靛、紫的光谱顺序由左向右排列，然后把白、黑、褐等明亮高度的颜色排列在左侧。彩虹七色排列是大家最熟悉的，令人有亲切感，也是最好的一种配置方式。

二、以明亮度高低来排列

当同色商品中有明亮高低之分时，可以把明亮度高的商品放在上方，明亮度低的商品放在下方，这样可以增加商品的稳定感。纵向配置颜色相同、明亮度不同的商品时，采用此方法配置是最理想的一种形式。

第6节　服装店中灯光的布置营造

6.1　服装店中灯光的搭配原则

一般店铺都应具有招牌射灯、门庭照明灯、款台背景射灯、大厅照明灯、墙边架射灯及橱窗射灯六组灯光设备，整体灯光要保证光度适中且完整无缺，具体要求如下：

一、招牌射灯

此组灯光应直射门头招牌，分别由三盏射灯从招牌的左、中、右三个方向射向招牌，如有多余射灯可向下垂直于地面照射大门，以从视觉上确保明显光高。此组灯光开启时间具体按照当地时间及气候变化而定，大约在当地路灯开启前1~2小时打开。

二、门庭照明灯

此组灯光要求完整及光色亮度一致，避免有明有暗现象。开启时间与招牌射灯相同。

三、款台背景射灯

此组灯光要求有足够的亮度，并且从各个角度直射款台背景墙壁，以便店外顾客明显知道本店之品牌。此组灯光应该与营业时间相同。

四、大厅照明灯

此组灯光要求灯光颜色、灯光亮度保持一致，并且全部开启，不可一半开一半闭。开启时间与营业时间相同。

五、墙边架射灯

此组灯光要求照射于货架上之货品，而不是地面或墙壁，并且照射的货品应是本店主推货品，提高抢眼度。开启时间与营业时间相同。

六、橱窗射灯

此组灯光同样要求光色光度统一，并且灯光应依照由上至下、由外至内的方向照射，即由上至下成30度角直射于模特胸前；避免由内向外照射，因为这样会影响过路顾客的视线，看不清橱窗物品。此组灯光开启时间应与营业时间相同。

6.2 橱窗设计中色彩与灯光的搭配

6.2.1 色彩呼应

色彩是远距离观赏的第一感觉。色彩传达信息的速度，胜过图形和文字。橱窗的色彩包括服装、展示道具、地板以及壁面色彩等等。地面、壁面和道具的色彩搭配为的是突出服装，因此切莫以为色彩对比越强烈对客人的视觉冲击力越强，可以抢夺人的视线，这是认识上的一个误区。

人的视觉生理告诉我们，人有自我保护的功能，大脑是憎恨混乱的。色彩对比强烈的刺激，会使人的视觉马上进入防御状态，自觉抵制眼花缭乱的色彩；同时会产生厌烦情绪，结果与欲达的目的背道而驰。因此世界很多著名企业和品牌的大公司，色彩选用非常简洁、精练、和谐，大多数选择单色代表公司形象，以便于人们记忆。

橱窗乃至整个店铺可以运用标准色来统一。不同类型的服装店对色彩设计要求各异，不同季节对专卖店色彩设计的要求也不一样，还须考虑流行色的影响。另外，室内要避免出现色彩的死角，角落的色彩对比应鲜明些。

在陈设橱窗之前，要使用标准色卡确定色彩，色卡分三组：

一、主调基本色卡系列

一般不使用艳度高的浓重色彩及低明度色彩，多数选择色阶中间靠上的和谐色彩，这就给橱窗用色范围确定了基本色调。

二、辅助色卡系列

扩充了主色调系列色卡范围，与主色调色卡搭配成色系，也不选择艳度（纯度）高的色彩。

三、点缀色系列

选择艳度较高比较明确的色彩，在局部、小面积运用，起到画龙点睛的作用。

色卡的使用可以使橱窗色彩调子明确、统一而浪漫，也可以达到雅致、和谐、自然的色彩效果，突出商业文化的艺术性，达到视觉舒适、吸引消费者的目的。橱窗内使用的色彩不仅要考虑整个自身店面的统一和整体效果，而且还要考虑与毗邻商铺用色的协调性，排列在一起的效果。

6.2.2 灯光造影

橱窗设计中光的运用是非常重要的。在看似平常的空间里，灯光运用得好，自然提升服装的格调，使橱窗变得活跃、有气氛、有动感、有旋律。空间通过光得以体现，没有光则没有空间。

因此，橱窗内光照的使用，是橱窗造型艺术表现的重要手段，这和电气照明工程师的工作内容不是一回事。搞艺术主要是抓形和色的表现效果，光照产生的光和影既有形状又有色彩。

有光就有影，有影就有形。光照通过灯桶的形状射出相应形态的影子和反射板、剪影板等工具及灯具不同性质的光源和不同的照射位置，在橱窗内表现出来。束光的粗细，射光的照射面积、方圆、大小，点光的聚散，光线的曲直、长短，被照物体的明暗，光照范围产生出来的各种各样光和影的形状，都是可以被控制的，完全可以按照人的意志进行塑造。橱窗的作者要充分利用这个技巧，创作出光影的形态，在不同的空间层次、虚实和背景的装饰图案下，使产品的视觉效果更加美丽。

第 7 节　衣服颜色搭配的方法

7.1　各色系的搭配

暖色系+冷色系：红 vs 蓝、黄 vs 紫，此配法，是相对配色。
浅色系+深色系：浅蓝 vs 深蓝、粉红 vs 铁灰，此配法，是深浅配色。
暖色系+暖色系：黄 vs 红、黄 vs 绿，此配法，是同系配色。
冷色系+冷色系：灰 vs 黑、紫 vs 黑，此配法，是同系配色。
明亮系+暗色系：白 vs 黑，此配法，是明暗配色
深浅配色，是一深一浅的搭配，是和谐的感观。
明暗配色，是明亮与黑暗的搭配，是强烈的感观。

7.2　服装色彩搭配的分类

服装的色彩搭配分为两大类，一类是协调色搭配，另外一类则是对比色搭配。对比色搭配分为：

一、强烈色配合

指两个相隔较远的颜色相配，如：黄色与紫色、红色与青绿色，这种配色比较强烈。

日常生活中，我们常看到的是黑、白、灰与其他颜色的搭配。黑、白、灰为无色系，所以，无论它们与哪种颜色搭配，都不会出现大的问题。一般来说，如

果同一个色与白色搭配时，会显得明亮；与黑色搭配时就显得昏暗。因此在进行服饰色彩搭配时应先衡量一下，你是为了突出哪个部分的衣饰。不要把沉着色彩，例如深褐色、深紫色与黑色搭配，这样会和黑色呈现"抢色"的后果，令整套服装没有重点，而且服装的整体表现也会显得很沉重、昏暗无色。

黑色与黄色是最亮眼的搭配。红色和黑色的搭配，非常之隆重，但是却不失韵味。

二、补色配合

指两个相对的颜色的配合，如：红与绿、青与橙、黑与白等，补色相配能形成鲜明的对比，有时会收到较好的效果。黑白搭配是永远的经典。

其中又可以分为：

1. 同类色搭配原则。

指深浅、明暗不同的两种同一类颜色相配，比如：青配天蓝，墨绿配浅绿，咖啡配米色，深红配浅红等。同类色配合的服装显得柔和文雅。

粉红色系的搭配，让整个人看上去柔和很多。

2. 近似色相配。

指两个比较接近的颜色相配，如：红色与橙红或紫红相配，黄色与草绿色或橙黄色相配等。

不是每个人穿绿色都能穿得好看，绿色和嫩黄的搭配，给人一种很春天的感觉，整体感觉非常素雅，淑女味道不经意间流露出来。

7.3 服装陈列的色彩搭配

越来越多的服装专卖店开始重视服装该如何出样，一些专门的色彩咨询机构成为为他们出谋划策的军师；同时，更多的品牌依然由专卖店店长负责商品出样。不论是专业还是业余，一般在服装出样方面存在以下基本规则：

7.3.1 色彩出样

以色彩作为出样的准则适合于侧挂或侧挂正挂结合，但是出样不好会造成凌

乱；优点在于此出样方式生动、活泼。

深、浅组合风格出样方式一般可遵循以下规律：

第一，从左至右从浅色至深色，从暖色至冷色。

第二，从左至右依次为深色、浅色、深色、浅色，可以同款也可以不同款，但要注意下摆造成的曲线不要太突兀。

第三，对称效应：中间为正面挂装方式，向西侧，依次为浅色、中度色、深色。

黑白灰组合风格出样方式：

一、琴键效应

从左至右依次为白、黑相间。

二、渐变效应

从左至右依次为白色、灰色、黑色。另外，此组合方式适合同色系组合，比如驼色、米色、咖啡，给人感觉统一、协调，有整体感。

三、对称效应

从中间至两侧依次为：正面挂样同款同色四个号，此色为浅色，侧挂同款灰色，侧挂同款黑色。

色彩出样中不适合摆放在一起的色彩：

绿色的服装不适合摆放在驼色、米色、红色、咖啡色系的服装中；橘红色的服装不合适摆放在兰色或偏冷色系的服装中；黑色服装不适合摆放在一起，应该和其它颜色搭配；灰色服装不适合摆放在一起，应该和其它颜色搭配；白色服装不适合摆放在一起，应该和其它颜色搭配；浅色服装、明度不高的服装不适合摆放在一起；杏色服装不适合与绿色服装摆放在一起。

7.3.2 T架展出样

T架以铺货为主，店中的每套服装都应在T架上挂一套，体现多样性，以便顾客查寻。如果放不下的，应选择畅销的和新推出的以及经典款。T架上挂样的服装，以套挂为主，比如短上衣要有相配的衬衣、裙、裤，风衣要有相配的衬

衣；注意 T 架旁边的模特，要使两者有适当距离，又不能分隔太远。

7.3.3 模特服装

服装成套出样，配件齐全；整组出模样式由公司根据每次新款上市情况统一提供，以拍成照片方式发往店面；服装外观整洁，无褶痕；服装衣领、口袋、衣袖、腰带、饰品，各部位平服整齐，外观自然大方；注意灯光，应照在出模服装上，光线分布均匀；注意模特底盘的整洁；不能使用衣架和挂绳。

7.3.4 挂样

所有服装挂样应该外观干净整洁，没有毛绒头。服装平整，没有压褶、变形，领口、袖口、口袋、下摆、腰带等整齐自然；挂钩方向，遵从"问号"原则，即"?"，方便拿放。

7.4 如何搭配服装之间的颜色

从服装设计的观点上来说，颜色搭配得好坏，最能表现一个人服装鉴赏能力的高下。服装的色彩要用得调和，服装才会显得大方端庄。而我们的外表，除了对镜的一刻之外，大部分时间是由别人来欣赏评析的；因此，舍弃个人主观的喜好，以客观的标准来决定颜色的搭配，乃是穿衣艺术的第一要诀。冬选暖色，夏选冷色是选择服装色彩的原则。

下面具体分析各颜色系统。

7.4.1 红色系统

红色象征着温暖、热情与兴奋，淡红色可作为春季的颜色；强烈的艳红色，则适于冬季；深红色是秋天的理想色。我们中国人认为红色是吉祥色，所以在新春、结婚、祝寿等喜庆场合，都爱使用大红色，以增喜气。

7.4.2 黄色系统

黄色属于暖色系统，象征温情、华贵、欢乐、热烈、跃动、任性、权威，活泼。高彩度黄色为富贵的象征，低彩度的黄色则为春季最理想的色彩，中明度的

黄色适合夏季使用,而彩度深强的黄色,则符合秋季的气氛。

7.4.3 绿色系统

绿色象征自然、成长、清新、宁静、安全和希望,是一种娇艳的色彩,使人联想到自然界的植物;不过,绿色本身却很难与别的颜色相配合。以非常流行的那种淡绿色来说,除了配白色之外,就不容易找到更理想的搭配。

7.4.4 花色系统

在市面上,有不少印花布,我们可以依上面主要的颜色将之归类为某一种颜色,然后再依照一般颜色来搭配。通常小碎花布料,仍然可以配上同色系的素色布料,如粉红碎花布接粉红色的袖腕、裙摆等。而大花式的花色衣服,最好不再用同系的面布来配,而改用对比色或白色来配,才能使大花纹的优势稍微平衡些。

7.4.5 白色系统

白色象征纯洁、神圣、明快、清洁与和平,最能表现一个人高贵的气质。

特别是在夏季,穿着一身白色的服装,将比深色服装更显得凉爽。不过穿白色服装并不是完全一身白才算美,如果一身都是白,如白洋装、白鞋、白手套、白手提袋,这样的打扮,不仅失去了个性美,而且也缺乏应有的朝气。因此,要想穿着白色服装而显得更美,对于化妆与配件的配色就要多加考究才行。配件方面,蓝色的装饰品有调和的平衡作用,可使人显得格外年轻活泼;还有木刻的装饰品也极适合与白色服装搭配穿戴,显得朴实无华,女学生或职业妇女均极适宜。

7.4.6 黑色系统

自古以来,黑色始终象征着神秘、夜晚、冬天、罪恶、悲伤、污秽等。

在服装方面,黑色却不失为各种颜色最佳的搭配色,除了新娘子忌用黑色之外,其他时候,黑色都可以单独或配合使用。对于明艳的人,穿上黑色的衣服,立刻加倍地光艳照人。

第六章
员工的招聘、管理和培训

- 第 1 节 制订合理的员工招聘计划
- 第 2 节 制订有效的员工培训计划
- 第 3 节 做好员工的激励工作

第1节 制订合理的员工招聘计划

1.1 如何招聘到好员工

无论是一个大企业还是小门店，一个好员工所带给老板的效益是不容忽视的。员工是企业十分重要的无形资产。而对于服装店来说，经营业绩很大程度上取决于员工的素质与工作表现。

在销售过程中，店员在推销商品、提供服务、宣传零售店形象等方面发挥着重要作用。在选择店员时应着重应考核他们的外表形象、沟通能力、一般知识与专业知识、对工作的忠诚度方面。

那么，服装店如何招聘到好员工呢？

当服装店收到了应聘人员的个人材料之后，通常要选择一定的测试方法，作为选择应聘人员的基本依据。店员的招聘方法包括笔试，测试应聘人员的知识水平与一般能力（如感知、记忆、思维、想像、语言、概括、创造等）；面试的主要目的是测试应聘人员的应聘动机、个人品质（如精神面貌、仪表、性格、诚实性、价值观等）及从事零售工作的专业能力（如待人接物的能力、观察能力）等。

每天与许多形形色色的顾客打交道是店员工作的基本特点，店员必须有充沛的精力、良好的人际互动能力与高尚的职业道德，才能向顾客提供满意的服务。因此在选聘店员时，需要考察应聘人员以下几个方面的素质：

一、身体素质

为了配合零售店的形象及产品组合特点，对店员的健康、体型、身高、年龄、性别等方面应该有特别要求。

二、个性

主要从应聘人员的一般能力、气质、性格等方面考察，对店员的基本要求包括：好学上进、思维灵活、观察能力强、沟通能力强、动作敏捷、热情大方、性格开朗、为人诚实、工作细心和耐心。

三、工作能力

对工作能力的考察可从教育水平、商品专门知识、零售服务技能、工作经历等方面进行。

员工是店铺的生命力，一个好的员工会给店铺生意带来意想不到的飞跃。一个好的员工应该具备良好的身体素质、较强的工作能力以及完美的个性。

1.2 服装店员要体现公司形象

第一，员工必须清楚地了解公司的经营范围和管理结构，并能向客户及外界正确地介绍公司情况。

第二，在接待公司内外人员的垂询、要求等的任何场合，应注视对方，微笑应答，切不可冒犯对方。

第三，在任何场合应用语规范，语气温和，音量适中，严禁大声喧哗。

第四，遇有客人进入工作场地应礼貌劝阻，上班时间（包括午餐时间）办公室内应保证有人接待。

第五，接听电话应及时，一般铃响不应超过三声；如受话人不能接听，离之最近的职员应主动接听，重要电话作好接听记录，严禁占用公司电话时间太长。

第六，员工在接听电话、洽谈业务、发送电子邮件及招待来宾时，必须时刻注重公司形象，按照具体规定使用公司统一的名片、公司标识及落款。

第七，员工在工作时间内须保持良好的精神面貌。

第八，员工要注重个人仪态仪表，工作时间的着装及修饰须大方得体。

1.3 店员的生活作息要求

一、员工应严格按照公司统一的工作作息时间规定上下班

二、作息时间规定

1. 夏季作息时间表（4月~9月）

上班时间 早9：00

午休 12：00~13：00

下班时间 晚18：00

2. 冬季作息时间表（10月~次年3月）

上班时间 早9：00

午休 12：00~12：30

下班时间 晚17：30

3. 员工上下班施行签到制，上下班均须本人亲自签到，不得托、替他人签到。

4. 员工上下班考勤记录将作为公司绩效考核的重要组成部分。

5. 员工如因事需在工作时间内外出，要向主管经理请示签退后方可离开公司。

6. 员工遇突发疾病须当天向主管经理请假，事后补交相关证明。

7. 事假需提前向主管经理提出申请，并填写"请假申请单"，经批准后方可休息。

8. 员工享有国家法定节假日正常休息的权利，公司不提倡员工加班，鼓励员工在日常工作时间内做好本职工作。如公司要求员工加班，计发加班工资及补贴；员工因工作需要自行要求加班，需向部门主管或经理提出申请，准许后方可加班。

加班费标准：公司规定加班费标准为每小时多少元，公司根据自身情况加以规定。

加班费领取：加班费领取时间为每月某一天，可定在工资发放日，根据公司自身情况自行决定。

1.4　店面卫生规范

第一，员工须每天清洁个人工作区内的卫生，确保地面、桌面及设备的整洁。

第二，员工须自觉保持公共区域的卫生，发现不清洁的情况，应及时清理。

第三，员工在公司内接待来访客人，事后需立即清理会客区。

第四，办公区域内严禁吸烟。

第五，正确使用公司内的水、电、空调等设施，最后离开办公室的员工应关闭空调、电灯和一切公司内应该关闭的设施。

第六，要爱护办公区域的花木。

1.5　服装店员工管理制度

古人云："没有规矩，不成方圆"，一个国家如果没有法律也就不称其为国家，一个企业如果没有规章制度也就不称其是企业。不管是法律还是规章制度都是阐述隶属范围的社团或个人应该去做什么事情，不应该去做什么事情，或怎样做某一件事情，统一人们的行动，来达到必然的方针；这样对一个国家便孕育发生了法律，对企业便孕育发生了规章制度；法律是一个国家文明发达的表现，规章制度是一个企业文明以及规范的具体表现。全体员工必须做到如下几点。

第一，以公司为家，严格遵守法律、法规以及企业的各项规章制度，不

违法乱纪，不搞歪门邪道，说真话，办实事，做老实人，树立良好的职业道德。

第二，尊重各级领导，服从分配，听从服装店员工规章制度指挥，团结工友，互相帮助，严于律己，宽于待人，讲话和气，与上下团结友善，不讲粗话，不做坏事，讲文明礼貌，使用文明语言，如：对不起、没关系、谢谢你、不客气等。

第三，必须热爱本职工作，努力进修营业技术，刻苦研讨营业技能，提高自身素质，吃苦耐劳，勤劳努力，自觉超额完成生产任务以及其它工作任务，工作认真不投机取巧。

第四，不拉帮结派，不搞无政府主义，不弄无原则的纠纷，不打架骂人，自觉维护公司的正常秩序，与各种坏人坏事以及不良倾向作斗争，决不包庇、纵容。

第五，自觉遵守劳动规律，不旷工、不怠工、不逃工、不迟到、不早退，工作时间决不闲谈，不窜岗溜号，有事请假，回公司消假，不做任何不利于公司的事。

第六，讲卫生，尊重他人劳动成果，不随地吐痰、乱扔杂物，树立良好的道德风尚。

第七，自觉养成良好的职业道德，不得以任何理由擅用本公司名义，未经许可不得兼任本公司之外的职务，不得在任何场所向任何人泄漏本公司的营业机密。

第八，不得任意翻阅不归属自己掌管的文件，如函电帐薄、表册；不得查阅本职之外的电脑数据，更不能以之示人。

1.6 服装店员工的服务要求

1.6.1 微笑服务

倡导微笑服务，能拉近顾客与营业员之间的感情，营造一个轻松的购物环

境，使消费者有一种宾至如归的感觉。这样，也能形成良好的口碑效果，以微笑服务吸引消费者再次消费，也能吸引其他的消费者过来。

1.6.2 适时的赞美

顾客的身材都有美丑的一面。营业员在向顾客推销款式时，适时地对顾客身材美好的一面进行赞美，能起到事半功倍的效果。投其所好，才能赢得顾客的青睐，使其在消费时获得愉悦的感受。

1.6.3 把握顾客的心理

有的放矢，方能赢得消费。服装已渐渐地摆脱遮丑避寒的初级功能，向塑造美丽身材的高级功能转变。消费者的消费习性尽管各有不同，但都不会偏离塑造美的这一共性。因此，营业员在接待顾客时要善于察言观色，了解顾客性格，探知顾客的爱好，向顾客推销适合的产品与款式。

在倡导以终端致胜为主要销售策略的今天，如何建立起一支具有战斗力的销售队伍，是企业营销策略中的重中之重。挑选到合适的销售人才，是组建这支队伍的前提；整合优化是基础；系统化培训是根本；使营业员熟练地掌握销售技巧是决胜的关键。也只有这几个方面都能做到，才能使这支队伍在商海的博弈中赢得市场。

在销售过程中，店员在推销商品、提供服务、宣传零售店形象等方面发挥着重要作用。在选择店员时应着重考核她们的外表形象、沟通能力、一般知识与专业知识、对工作的忠诚度方面。

1.7 店员要掌握的服装销售技巧

1.7.1 店员销售时的语言、手势要点

一、推荐时要有信心

向顾客推荐服装时，营业员本身要有信心，才能让顾客对服装有信任感。

二、适合于顾客的推荐

- 对顾客提示商品和进行说明时，应根据顾客的实际客观条件，推荐合适的服装。

三、配合手势向顾客推荐

四、配合商品的特征

每类服装有不同的特征，如功能、设计、品质等方面的特征，向顾客推荐服装时，要着重强调服装的不同特征。

五、把话题集中在商品上

向顾客推荐服装时，要想方设法把话题引到服装上，同时注意观察顾客对服装的反映，以便适时地促成销售。

六、准确地说出各类服装的优点

对顾客进行服装的说明与推荐时，要比较各类服装的不同，准确地说出各类服装的优点。

1.7.2 针对性服装销售技巧

重点销售就是指要有针对性。对于服装的设计、功能、质量、价格等因素，要因人而宜，真正使顾客的心理由"比较"过渡到"信念"，最终销售成功。在极短的时间内能让顾客具有购买的信念，是销售中非常重要的一个环节。重点销售有下列原则：

一、从4W上着手

从穿着时间When、穿着场合Where、穿着对象Who、穿着目的Why方面做好购买参谋，有利于销售成功。

二、重点要简短

对顾客说明服装特性时，要做到语言简练清楚、内容易懂。服装商品最重要的特点要首先说出，如有时间再逐层展开。

三、具体的表现

要根据顾客的情况，随机应变，不可千篇一律，只说"这件衣服好""这件衣服你最适合"等过于简单和笼统的推销语言。依销售对象不同而改变说话方

创业指向标

式，对不同的顾客要介绍不同的内容，做到因人而宜。

四、营业员把握流行的动态

了解时尚的先锋，要向顾客说明服装符合流行的趋势。

第2节 制订有效的员工培训计划

2.1 服装店员工培训的几个方面

服装鞋帽零售店的规模不同,对培训的需要也不相同。小的服装鞋帽零售店比较重视工作培训;而大的服装鞋帽零售店具有针对各个层级员工的全面培训的计划,包括工作技能培训、企业文化培训、管理培训、个人发展培训等。培训的手段、方式很多,培训对象也很广泛,包括新员工培训、老员工培训,也包括高中层管理人员培训、销售人员培训、非销售人员培训等各个层次的人员培训。培训过程包括以下几个方面:

2.1.1 确定培训目标

培训目标大致可分为以下几类:

一、服务技能培训

培训目标是帮助员工按照规范统一的服务准则为顾客提供各种服务,提升员工与顾客之间的人际互动能力。培训的内容主要是零售店的服务规范或准则,如迎送顾客、观察顾客、与顾客交谈、应付顾客投诉等。

二、商品知识与管理培训

培训目标是帮助员工了解产品组合的特点、各种产品基本属性、主要卖点、使用方法、注意事项等,是一种经常性的培训工作。通过商品知识培训,可以更新店员的商品知识,提高店员的推销能力及服务水平。

三、店务作业技能培训

培训目标是帮助员工按照规范统一的动作开展店务作业，创造富有生机的卖场氛围。培训的内容主要是店务作业规范，如商品陈列、整理、包装、票据处理等。

四、思想观念培训

培训目标是帮助员工树立正确的工作态度、人生价值观念，培养员工的责任感、团队意识等。培训内容通常是配合企业文化、企业精神的一些职业道德、社会伦理等方面展开。

五、综合素质培训目标

培训目标是提高员工的综合素质，为员工提供发展机会，丰富员工生活。培训内容较广泛，如对员工进行全方位的培训，而不仅是针对工作本身的培训。

2.1.2 制定员工培训方案

服装鞋帽零售店可根据培训的目标及内容，选择适当的培训方法。对零售人员培训常用的方法包括以下几种：

一、教授培训法

这种培训方法是由专门的培训教师通过理论教学，让店员掌握专业理论知识，如消费心理、职业道德、企业文化、商品知识、服务规范、作业规范等。这种培训工作可请学校的教师或企业管理咨询机构来组织。

二、相互学习提高法

这种培训方法要求店员在日常工作中，能相互学习与交流，扬长避短，提高店员的整体服务水平，从而提高零售业绩。这种培训工作可由零售店管理人员组织，在日常工作中进行，不必专门组织时间进行培训。

三、实例分析法

这种培训方法通常是利用拍摄手段，将店员一天的工作记录下来，然后让店员观看，发现不足的地方，并提出改善的措施。这种方法能让受训人员主动思考，寻找问题及答案，从而有效提高受训者发现问题及解决问题的能力。

四、会议法

这是零售店管理人员培训店员的一种常规技巧。店长可以利用一些日常销售会议及参观访问活动等对店员进行培训，这种培训方法比较经济，也有利于培养团队精神。

2.1.3 员工的培训方式

企业在招进营业员类的人才之后，为了让其更好地为消费者提供服务，需进行一个系统的培训，以提升营业员的专业知识及销售技巧知识。对营业员的培训，有以下几种方式。

一、常规式培训

常规式培训一般是基础知识的培训，分两大块。一类是产品知识的培训，以内衣店为例，包括内衣的产品结构、款式、型号、身围的度量方法、胸围的穿着方法、内衣的洗涤方法、内衣的折叠及保存方法以及内衣或美体内衣（美体内衣包括调整型文胸、塑裤、腰封、连体塑衣）的原理及特点等内衣基本知识的培训。通过这些培训，能使营业员有针对性地对顾客进行个性化的购买引导。

二、销售技巧的培训

目前的内衣品牌，特别是国内的二线品牌，其品牌的知名度与产品款式基本上都差不多。在这种情况下，内衣企业想得到更大的市场额份，只有靠终端的销售，以终端致胜。这样，在终端渠道中，营业员的销售技巧尤为重要。销售技巧的培训，主要包括在营业中的销售态度、销售时的规范用语，以及如何接受顾客的投诉等销售策略的培训。通过加强培训，能使营业员有效地进行日常销售管理以及处理突发事件。

三、情景式培训

情景式培训也叫模拟培训。一般要求在公司的展厅，由一组营业员扮演消费者，再由营业员向其推销产品。情景式培训主要是销售现场情景的再现，这种培训方式包括内衣的陈列（是按款式陈列还是按颜色陈列）、店铺氛围的布置、如何接待顾客、在推销产品时应注意的问题、如何引导消费者进行选购内衣等方面的培训。通过这类培训，能使营业员熟练地掌握销售技巧。

2.1.4 评价培训效果

当一个培训项目完成之后，要对培训的效果进行检测与反馈。对培训效果的检测可以从受训者对培训项目的反应、受训者对培训内容的掌握程度、受训者接受培训之后工作表现的改善程度、培训之后销售业绩或服务水平的提升程度四个方面进行评价。

培训是现代商家必不可少的管理程序，惟有如此，员工素质才能提高。

2.2 服装店培训档案的建立及管理

服装店往往只重视商品、门店环境、营销方案，却忽视了店员的管理和培训。实际上，人才培养也成为服装店发展的重要组成部分。

服装店的运营不仅仅是依靠品牌、地段、促销，服装店的经营业绩很大程度上取决于员工的素质和工作表现。因为事情都是人做的，特别是服装店，销售人员的专业度、服务态度及技巧，很大程度上影响着顾客的购买。仅仅商品好是不够的，顾客花钱是要买舒服的，要是店员给顾客的感觉不好，只怕这衣服也不会买了。所以说，有些服装店往往只重视商品、门店环境、营销方案，却忽视了店员的管理和培训，在销售实施过程中不能达到预期的效果。因此服装店对内部人才的培养也成为其发展的一个重要组成部分。

服装店的培训包括服务技能培训、商品知识和管理培训、店务作业技能培训、综合素质培训等；培训的手段、方式很多，培训对象也很广泛，包括新员工培训、老员工培训，也包括高中层管理人员培训、店铺销售人员培训、非店铺销售人员培训等各个层次的人员培训。而作为人力资源信息库的核心、各级干部选用的重要依据、人才再培训之基础的员工培训档案的建立及日常管理也变得非常重要。所谓的没有记录就没有发生，没有记录就没有证据，没有证据一切都没有发生。员工有没有受训练、训练的成果如何要靠并且只能靠培训档案的记录来体现。

2.2.1 培训档案的建立及内容

服装店各级人员培训档案的建立是培训工作中必须要做的基础工作，其作用就是：

牢固树立各级培训观念，通过培训档案的建立记录员工自入职以来参加的各项培训及考核成绩，使之成为进阶培训、培养、选拔、升职、调薪等有效的依据；以保证后续培训能规范、标准地进行，符合各项工作需求，同时使服装店人才发展、员工培养也更为科学、合理。

一、员工培训档案的建立

员工进入服装店后由人事部门负责为其建立店内培训档案，将员工的基本信息进行登记，对员工已参加过的各项培训经历进行了解；除将员工已参加过的培训信息详细记录在案，还要进行各类资料的收集、存档。比如当前员工的教育水平、服饰专业知识和零售服务技能掌握的程度等等，以便安排员工系统化的培训。

二、员工培训档案的内容

1. 员工信息：用于登记员工个人基本信息。

包含项目：编号、姓名、部门、职级、学历、专业、入职前所受培训、相关证书名称等。

使用部门：由人事部门负责登录、存档。

2. 受训记录：用于登记员工自入职以来所参加的各种培训课程、培训结果、岗位异动。

包含项目：课程名称、培训时间、培训签到、考核成绩、实习报告、试卷、受训心得、岗位及职级异动情况、培训请假记录及其它相关信息。

使用部门：由人事部门负责记录、更新、存档。

3. 培训手册：记录员工自入职以来参加过何种培训、培训成效、培训奖惩。

包含项目：门店培训制度、晋升流程、员工已参加培训课程、培训成绩及培训过程中有无奖惩记录。

使用部门：以员工自主填写为主并自行保管，参训后由授课讲师给予签写受

训成绩，定期交至人事部门进行审核。

三、员工培训档案的形式

为落实"一人一档"，员工培训档案一般以纸档的形式记录并存放于员工的人事档案中，亦可以建立相应的电子档案保存于电脑中便于查询；并建立相应的档案索引文件（电子档），以员工受训的职级别、部门别、成绩别、证书别等进行分类筛选，便于各种培训数据的有效查询及汇总，为人事管理提供及时、有效的依据。

2.2.2　培训档案的管理

第一，由服装店人事部门负责建立员工培训档案，一人一档。

第二，培训档案并入员工人事档案，由人事部门负责统一管理。

第三，服装店人事部门负责完成员工培训相应资料的登记，如考核成绩、学员课堂表现等相关信息。

第四，人员如进行服装连锁店或分店系统内异动，培训档案亦将随员工人事档案转至相应门店进行存档、维护。

第五，所有员工的培训记录必须保存至员工办完离职手续半年后方能销毁。

在倡导以终端制胜服务为本的今天，对店员的系统化培训是根本。虽然员工培训档案的整理及管理是项基础又繁琐的工作，但却是服装店人事管理工作中不可缺少的部分。它不仅是关系着服装店人才再培训的重要组成部分，也是服装店干部梯队建设的重要依据；各部门的支持及员工的积极参与都是必不可少的，更离不开人事部门持之以恒的更新与维护。

2.3　服装店店长基本工作职责与规范

店长要对实现服装店的营业额与利润指标负责。因此，店长必须站在经营者的立场上，综合性地、科学性地分析现状，计划今后的营运方针并认真执行。为了有效地履行店长职务，对于商品管理、销售管理、顾客管理、人事管理等，均

须具备管理能力、判断力、企划力、执行力、指导力等，而且店长本身的人品、性格也是职务执行上的重要因素。

2.3.1 店长履行职务的基本原则

一、必须正确理解品牌的经营理念和经营方针

二、按照品牌的经营理念和经营方针制订营运计划

三、按照制订的营运计划指导下属工作

四、工作中处处以身作则

五、及时与上级领导沟通

六、关心下属，培训下属

2.3.2 店长必须具备的能力

一、教育培训指导能力

二、应用计算机进行数据统计分析的能力

三、基本的判断和决策能力

四、学习和获取新知识的能力

五、计划能力

六、创新能力

七、良好的沟通能力

2.3.3 店长必须履行的管理职责

一、计划：制订年度、季节、月经营计划和行动计划

二、店员管理：安排员工工作、督导员工销售技巧

三、货品管理

四、销售状况的整理汇报

五、销售动态的分析及掌握

六、竞争状况的认知与汇报

七、顾客消费动向的分析与汇报

八、店面管理

创业指向标

九、顾客投诉处理

十、店内设施维护

十一、促销活动的组织实施

十二、店内气氛的积极营造

十三、早会、晚会的组织

十四、店面卫生检查

第3节 做好员工的激励工作

3.1 员工激励的重要性

正确的激励是人力资源管理的关键所在。美国哈佛大学的管理学教授詹姆斯说，如果没有激励，一个人的能力发挥不过20%至30%；如果施以激励，一个人的能力则可以发挥到80%至90%。正确的激励可以更好地发挥员工的工作能力，提高员工的工作绩效。

3.2 激励原则

3.2.1 基本原则

原则之一：激励要因人而异

由于不同员工的需求不同，所以，相同的激励政策起到的激励效果也会不尽相同。即便是同一位员工，在不同的时间或环境下，也会有不同的需求。由于激励取决于内因，是员工的主观感受，所以，激励要因人而异。

原则之二：奖励适度

奖励和惩罚不适度都会影响激励效果，同时增加激励成本。奖励过重会使员工产生骄傲和满足的情绪，失去进一步提高自己的欲望；奖励过轻会起不到激励效果，或者使员工产生不被重视的感觉。惩罚过重会让员工感到不公，或者失去对公司的认同，甚至产生怠工或破坏的情绪；惩罚过轻会让员工轻视错误的严重性，从而可能还会犯同样的错误。

原则之三：公平性

公平性是员工管理中一个很重要的原则，员工感到的任何不公的待遇都会影响他的工作效率和工作情绪，并且影响激励效果。取得同等成绩的员工，一定要获得同等层次的奖励；同理，犯同等错误的员工，也应受到同等层次的处罚。如果做不到这一点，管理者宁可不奖励或者不处罚。

原则之四：奖励正确的事情

如果我们奖励错误的事情，错误的事情就会经常发生。这个问题虽然看起来很简单，但在具体实施激励时就会被管理者所忽略。

3.2.2 高级原则

企业的活力源于每个员工的积极性、创造性。由于人的需求的多样性、多层次性和动机的繁复性，调动人的积极性也应有多种方法。综合运用各种动机激发手段使全体员工的积极性、创造性、企业的综合活力达到最佳状态。

一、激励员工从结果均等转移到机会均等，并努力创造公平竞争环境

二、激励要把握最佳时机

需在目标任务下达前激励的，要提前激励。员工遇到困难，有强烈要求愿望时，应给予关怀，及时激励。

三、激励要有足够力度

对有突出贡献的予以重奖。

对造成巨大损失的予以重罚。

如果奖罚不适当，还不如不做。同时要记住，罚的目的不是要钱，而是让员工养成一种好的习惯，是一种激励措施。通过各种有效的激励技巧，达到以小博大的激励效果。

四、激励要公平准确、奖罚分明

健全、完善绩效考核制度，做到考核尺度相宜、公平合理。克服有亲有疏的人情风。在提薪、晋级、评奖、评优等涉及员工切身利益的热点问题上务求做到

公平。

五、物质奖励与精神奖励相结合，奖励与惩罚相结合

注重感化教育，西方管理中"胡萝卜加大棒"的做法值得借鉴。

六、推行职工持股计划

使员工以劳动者和投资者的双重身份，更加具有关心和改善企业经营成果的积极性。

七、构造员工分配格局的合理落差

适当拉开分配距离，鼓励一部分员工通过努力工作先富起来，使员工在反差对比中建立持久的追求动力。

3.3 激励员工的方法

统计显示，员工中只有少部分是高度自我驱动的，这个困扰是普遍存在的。以下是几点具体的行为建议：

一、了解激励因素并且付诸实施，发展符合自己个性特征的激励方法

根据 Rewick 和 Lawler 的研究，工作中最富激励性的因素有：

（1）工作挑战；

（2）完成有价值的工作；

（3）学习新事物；

（4）个人发展；

（5）自主性。

报酬、友谊和晋升机会并非不必要，但与更鼓舞人的动因相比，这些太表面化了。

提供自主性，提供挑战，描绘接受挑战的必要性，创造集体荣誉感，给予学习和成长的机会，你将牢牢抓住人们的心。

二、用困难的任务来激励下属

大多数员工会因有挑战性的目标而变得兴奋。当员工有 1/2 到 2/3 的机会成功，并且能自主决定怎样行动时，他们都会尽力尝试。他们喜欢用高标准衡量自己，并喜欢跟一流的人相处。管理者应提供给下属各种不同的任务，用丰富的、富于挑战的任务给下属以"惊喜"。

有时需要给下属设置恰恰是他们力所不及的挑战和任务；在他们面对第一次的时候——第一次谈判、第一次独自演讲，等等，给下属帮助；对错误报以学习的态度；庆祝成功，让员工的成就得到大家的认可；等等。

三、授权

尽可能地授权，好的授权能使员工全身心地投入到他所从事的工作中去。当下属做事时，给他们充分的自主权。决策之前征询员工的意见，让员工参与目标设定，并且让员工决定达成目标的工作过程。当员工参与制定目标时，他们会更有动力。

让员工协助完成阶段性评估。

四、给与员工认同和肯定

对员工的工作表示足够的兴趣。从你的座位上走出去，去发现员工的成就，如果看到员工的成就，立刻肯定它；减少失败也是成就，肯定它。每天在工作笔记上写下你对每个人的观察。当你回家之后，放一个√在那些有成就的员工上；如果你已经肯定了这项成就，便将√圈起来。

留意观察员工的哪怕是细小的进步，鼓励它，你会看到员工的惊喜和随之而来的高涨的工作热情。然后做更多的步骤，增加√及圈的数量。

在团队内部尽量分享荣誉，常使用"我们"而不是"我"，常与员工一起庆祝成功。

五、对下属表示感谢

通常，在下属正常地完成了工作时，他们不会得到任何积极的或愉快的回报。管理者很容易因为忙碌而觉得没时间表示感谢、庆祝或进行偶尔的批评。

付出努力去发现员工的成就，列出几百种你可以表达感谢的方式，如当众夸奖；写表示感谢的纸条，或者邮件，或者手机短信；小奖品（员工喜欢的小奖品，有时候玩具也有奇效）；跟你一起吃饭，跟你和你的上司一起吃饭，吃饭的时候你向上司详细介绍他的成就；他出差的时候，特别批准他在当地休假一天，好好玩乐，酒店费当然是公司支付……

3.4 服装店激励员工的具体措施

一般来说，激励员工应该注意以下几个方面，服装店激励员工也不例外。

一、启发而不惩罚

在做某件事之前，要打好基础，以征得他人的意见或同意。在施以激励之前，必须先对人员进行启发、教育，使他们明白要求和规则，这样在采用激励方法时，他们才不至于感到突然，尤其是对于处罚不会感到冤枉。所以，最好的管理方法是启发，而不是惩罚。公平相待。

充分利用激励制度就能极大地调动企业职工的积极性，保证企业各项工作的顺利进行。要保证激励制度的顺利执行，不惟亲、不惟上、不惟己，只惟实，公平相待。

二、注重现实表现

梅考克是美国国际农机公司的创始人。有一次，一个老工人违反了工作制度，酗酒闹事。按照公司管理制度的有关条款，他应受到开除的处分。决定一发布，那位老工人立刻火冒三丈，他委屈地说："当年公司债务累累时，我与你患难与共，3个月不拿工资也毫无怨言，而今犯了这点错就开除老子，真是一点情分也不讲。"梅考克平静地对他说："你知不知道这是公司，是有规矩的地方，这不是你我两个人的私事，我只能按规定办事。"在实施激励方法时，应该像梅考克一样，注重激励对象的现实表现，当奖则奖，该罚就罚。

三、适时激励

行为和肯定性激励的适时性表现为它的及时性，在没有别的东西做奖品的情

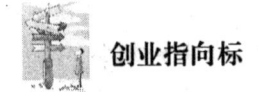

况下，用一只香蕉作为奖品，这样做至少有两个好处：一是当事人的行为受到肯定后，有利于他继续重复所希望出现的行为；二是使其他人看到，只要按制度要求去做，就可以立刻受奖。这说明制度和领导是可信赖的，因而大家就会争相努力，以获得肯定性的奖赏。

四、适度激励

有人对能通宵达旦玩游戏者不可理解，但当自己去玩时，也往往废寝忘食，原因何在？游戏机上电脑程序是按照由简到繁、由易到难的原则编制的，那种操作者稍有努力就进，不努力就退的若得若失的情况，对操作者最有吸引力。

游戏机的事例说明了激励标准适度性问题。保持了这个度，就能使激励对象乐此不疲；反之，如果激励对象的行为太容易达到被奖励和被处罚的界限，那么，这套激励方法就会使激励对象失去兴趣，达不到激励的目的。

3.5 员工激励不可取的措施

激励的出发点是满足组织成员的各种需要，即通过系统设计适当的外部奖酬形式和工作环境，来满足企业员工的外在性需要和内在性需要。但是在员工激励上有五种不可取的措施：

一、员工激励不可趁机大张旗鼓

好不容易拿一些钱出来激励，就要弄得热热闹闹，让大家全知道，花钱才有代价，这种大张旗鼓的心理，常常造成激励的反效果。

二、员工激励不可采用运动方式

许多人喜欢用运动的方式来激励。形成一阵风，吹过就算了。一番热闹光景，转瞬成空。不论什么礼貌运动、清洁运动、作家运动、意见建议运动、品质改善运动，都是形式。而形式化的东西，对中国人来说，最没有效用。

三、员工激励不可任意树立先例

激励固然不可墨守成规，却应该权宜应变，以求制宜。然而，激励最怕任意树立先例，所谓善门难开，恐怕以后大家跟进，招致无以为继，那就悔不当初了。主管为了表示自己有魄力，未经深思熟虑，就慨然应允。话说出口，又碍于情面，认为不便失信于人，因此明知有些不对，也会将错就错，因而铸成更大的错误。

四、员工激励不可忽略有效沟通

沟通时最好顾虑第三者的心情，不要无意触怒其他的人。例如对某乙表示太多关心，可能会引起某丙、某丁的不平。所以个别或集体沟通，要仔细选定方式，并且考虑适当的中介人，以免节外生枝，引出一些不必要的后遗症，降低了激励的效果。

激励必须透过适当沟通，才能互通心声，产生良好的感应。例如公司有意奖赏某甲，若是不征求某甲的意见，便决定送他一台手提电视机；不料一周前某甲刚好买了一台，虽然说好可以向指定厂商交换其他家电制品，也给某甲造成了许多不便。

五、员工激励不可偏离团体目标

目标是激励的共同标准，这样才有公正可言。所有激励都不偏离目标，至少证明主管并无私心，不是由于个人的喜爱而给予激励，而是站在组织的需要上，尽量做到人尽其才。偏离目标的行为，不但不予激励，反而应该促其改变，亦即努力导向团体目标，以期群策群力，有志一同。

凡是偏离团体目标的行为，不可给予激励，以免这种偏向力或离心力愈来愈大。主管激励部属，必须促使部属自我调适，把自己的心力朝向团体目标，做好应做的工作。主管若是激励偏离目标的行为，大家就会认定主管喜欢为所欲为，因而用心揣摩主管的心意，全力讨好，以期获取若干好处。一旦形成风气，便是小人得意的局面，对整体目标的达成，必定有所伤害。

3.6 员工执行力的重要性

执行力可以理解为：有效利用资源，保质保量达成目标的能力。执行力是企

业管理中最大的黑洞，管理学有许多的理论，告诉管理人员如何制定策略，如何进行组织变迁，如何选才、育才、留才，如何做资本预算等。可是，该如何执行这些想法，却往往被视为是理所当然，未曾有人加以探讨。作为管理者，重塑执行的观念有助于制定更健全的策略。事实上，要制定有价值的策略，管理者必须同时确认企业是否有足够的条件来执行，要明白策略原本就是为执行而拟定出来的。所以，提升企业的执行力就变得尤为重要。

3.7 提高员工的执行力

要提高员工的执行力，可以从以下几个方面着手。

一、建立先进的企业文化

首先，培养员工对公司的忠诚。要想员工对公司忠诚，公司首先要对员工忠诚，要履行对员工的每一个承诺，关心员工。其次，培养员工的奉献精神，培养员工"坚决服从"的意识。坚决服从不是被动的、抵制的服从，而是能动的、善意的服从。公司应在大会小会上都要灌输"服从"思想，允许大家在决策前提建议，但一旦做出了决策，就应坚决执行。第三，培养员工的团队意识与合作精神。教育他们这不仅是职业道德的要求，也是自身发展的需要，与自身的利益密切相关。

二、坚强有力的领导是提高执行力的前提

没有不会打仗的士兵，只有不会领导的将军。千军易得，一将难求。组织的成功，领导者是关键。方向错了，再好的水手也不能到达彼岸。身教重于言传，行胜于言，要求下级做到的，领导者必须先做到，打造执行高效的团队，从挑选执行高效的领导开始。对领导者而言，执行力不是某项单一素质的凸显，而是多种素质的结合与表现。它体现为一种总揽全局、深谋远虑的业务洞察力；一种不拘一格的突破性思维方式；一种"设定目标，坚定不移"的态度；一种雷厉风行，快速行动的管理风格；一种勇挑重担、敢于承担风险的工作作风。素质优良的团队是提高执行力的基础,因此,领导者的执行力决定组织的执行力。一个成功的组织与成功的领导密不可分。

三、抓培训是夯实完美执行力的思想基础

高度的自觉性不是自发产生的,要靠教育、引导、灌输来形成。开展职业纪律和职业道德教育,必须把培训工作当成兴企方略的重要举措来抓。要坚持从实际出发的原则,既要立足当前,又要考虑长远;既要看到一般员工的岗位需要,又要想到专业人员的知识更新。做到有计划、分层次进行。

四、合理的绩效考核是提升执行力的动力

首先,要建立有效的竞争激励机制,形成一个人员能进能出、职务能上能下、收入能高能低的充满生机和活力的用人机制。其次,要建立有效的考核评价体系,切实把执行率和执行结果作为对个人、集体的考核评价及奖惩的主要依据。有了科学的奖惩,组织的执行力就像是永不停息的发动机。激励就是动力,员工就会由镙丝钉变为发动机。有了好的激励制度,马不扬鞭自奋蹄,员工会自发地提高执行力。

五、用能执行的员工

对一名市场营销人员来说,营销技巧、业务知识并不能代表他的能力,客户服务意识、成功欲望等才是其应具有的能力水平。但员工能力水平能否充分发挥,决定其投入程度,而投入程度又受到企业对员工的要求和企业向员工提供的资源两个因素的影响。因此,企业要充分利用和发挥每个员工的兴趣、爱好、特长和个性,将其安排到合适的岗位上,并根据岗位职责要求,下达合理的工作任务,提供适当的生产资料和支持,这样就会直接激发出员工的工作热情。

六、让员工参与其中

为了在市场中有效竞争,企业必须有明确的战略计划,并且在形势发生变化时能灵活机动地改变计划。改变计划对企业来说,意味着机遇,但对员工来说,似乎意味着破坏。因为,员工与企业之间存在着互惠义务和互惠承诺(包括公开描述的和隐含没有申明的),它们界定了两者的关系;而企业的变革无论是主动

的还是被动的，无论是正确的还是错误的，都改变了协议的内容。如果企业在制订新的措施时，不让员工参与，员工就无法了解变革的意图，变革的措施就很难被员工接纳。因此，只有让员工参与其中，他们才容易接受。而且，员工往往最了解问题的症结、改进的方式以及客户的想法，当工作中出现意外情况时，他们就会根据全局情况，做一些机动处理。并且，他们对自己参与制订的战略计划，印象深刻，执行起来自觉性、责任感大大增强，从而提高了工作效率。

七、建立完善的员工培训体系

在知识经济时代，工作中所需的技能和知识更新速度不断加快，只有不断地学习，才能提高对社会的应变能力，从而提高执行力。那种"只使用、不充电"的用人行为，是对企业持续竞争力的破坏。因此，企业必须建立系统而科学的培训体系来维系员工的发展。只有卓有成效的培训才能使员工有效地执行企业的经营策略。

西门子公司一贯奉行"人的能力是可以通过教育和不断地培训而提高"的理念，并且形成了一套独具特色的培训体系。一是对新员工的培训，保证了员工一正式进入公司就具有很高的技术水平和职业素养，为企业的长期发展奠定了坚实的基础；二是在职培训，主要包括业务、系统和管理技能的培训，一方面为公司储备了大量人才，另一方面员工自身的发展进步已成为他们衡量自己工作生活质量的一个重要指标。

3.8 管理者的有效促进与有效控制

管理者进行有效促进与有效控制，来调整执行者的行为，才能控制事情的发展不偏离正常轨道，才能更好地把工作落实好。有效控制采取方法如下：

第一，事前跟进，发现潜在风险提前给员工预警。

第二，事中跟进，在任务进行中发现问题后，寻找解决办法，使员工的工作重新回到正轨上来。

第三，事后跟进，出现问题后，找出原因，提供补救建议和具体措施，避免员工再犯同样的错误。

第四，授权不授责，大多数管理者的通病是授权又授责，这样导致的结果就是权责不分。职位越高承担的责任越小，做的多就错的多；管理者不做具体的事，永远不出错；被授权的人害怕出错而不停地往下授权，必然没有好的结果。

第五，对身兼管理责任的人进行监督，当管理者管理他人或检讨自身的行为时，有效的监督十分重要。如果没有有效的监督，准确的工作定义、选拔、管理和培训这些工作都不可能轻而易举地完成。

第六，对那些可能是以前遗留下的含糊不清的或没有论及的问题，管理者要能给予明确而又清晰有力的说明；然后，他们还要提出对未来的展望，以使将来组织的工作重点能集中到所提出的焦点上来。

第七章
了解顾客的购买心理

- 第 1 节　服装定价的技巧
- 第 2 节　把握顾客的需求心理
- 第 3 节　捕捉顾客的购买信号及如何向顾客推销
- 第 4 节　如何处理顾客的抱怨和投诉

第1节　服装定价的技巧

在服装销售活动中，定价是一项既重要又困难且带有风险的工作。它强烈地影响着服装在市场中的被接受程度，影响着服装及其卖方的形象，影响着竞争的行为，影响着服装店的销售收入和利润。

1.1　定价的相关注意事项

1.1.1　零售价格的构成
一、采购价格
即购进服装的价格，因采购渠道不同而有所不同。如果从工厂直接进货，采购价格就是工厂的出厂价格；如果从批发企业采购，采购价格就是批发企业的批发价格。

二、采购费用
采购费用是服装采购过程中支付的一切费用。服装采购价格加上采购费用构成服装采购成本。

三、销售费用
销售费用是因销售服装而发生的费用。采购加上销售费用构成服装店的服装销售成本。

四、销售税金
销售税金是服装销售中向国家缴纳的税金。

五、销售利润

指服装店获得的利润。服装销售价格减去销售税金和销售成本即为服装店销售利润。

1.1.2 影响定价的因素

一、成本

在正常的市场环境下，成本应是定价的最低经济界限，是决定价格的基本因素。在市场竞争中，成本较低在价格决定方面往往具有较大的主动性，易于保持竞争优势，并能得到预期的利润回报。

二、市场需求

对于需求，主要是了解服装的市场需求弹性。需求弹性大的服装，价格一经调整就会立即影响市场需求；而需求弹性小和无弹性的服装，调整价格一般对销售量无大影响。所以，如果某一时期在某一市场上对某一服装的需求量是增加的，则可以采取适当的提价措施；反之，则应适当降价。

三、竞争

在竞争的市场上，买卖双方都只是价格的接受者，而不是价格的决定者，价格完全由供求关系决定。在这种市场条件下，幸亏双方的行为只受价格因素的支配，所有的促销活动都只会增加服装的成本，因而使任何促销活动成为不必要的事情。

1.2 确定定价目标

确定定价目标的最重要原则是使定价目标与服装店的经营目标和市场目标相一致。一般的，定价目标有以下几种：

一、追求最大利润

追求最大利润并不等于追求最大价格。除非这个服装店的服装在市场上处于某种绝对优势地位。

二、取得预期的投资报酬率

选择一定的投资报酬率作为定价目标,其主要目的在于通过价格手段取得稳定的经济收益,从而求得服装店的稳定发展。在这种定价目标下,投资报酬率的确定与价格水平直接相关。但是选取这一目标,必须具备这样的重要依据:服装店在同行业中占据主导地位;能掌握市场需求情况并能基本上控制本店的市场份额。

三、扩大或维持市场占有率

扩大和维持市场占有率,无论对于大、中、小服装店来说,都是十分重要的目标。因为市场占有率是服装店的经营状况和服装店服装在市场上的竞争能力的直接反映,对于服装店的生存和发展,具有重要意义。

四、应付和防止竞争

许多服装店在制定价格时,主要着眼于在竞争激烈的市场上应付或避免发生价格竞争。

五、维持生存

以维持生存为定价目标的店,往往面临着服装大量积压、资金周转不灵、竞争态势异常险峻以及消费需求改变的困难。在这种情况下,服装店为避免破产倒闭,往往以能够迅速出清存货、收回资金、克服财政困难为定价准则,以保本价格、甚至亏本价格出售产品,以维护营业。

1.3 服装定价策略

一、产品生命周期定价策略

1. 导入期定价策略。

在导入期中,定价方面,可根据不同情况采用高价定价策略,渗透低价定价策略和中价定价策略。

所谓高价定价,是指通过对投放市场的新产品制定较高价位,以在短期内获取最大收益的定价方式。

低价定价策略是高价策略的反面,即有意把新产品价格定得很低,其目的在于提高产品知名度,迅速扩大市场占有率。

中价定价策略,是指产品销售以稳定价格和预期销售额的稳定增长为目标,所以也称为稳定价格策略。

2. 成长期定价策略。

在产品进入成长期后,企业生产规模逐渐扩大,销售量迅速增长,向供求两旺发展。

3. 成熟期定价策略。

即当产品的消费者人数、销售量都达到最高水平并开始保持稳定时而采取的定价策略。

4. 衰退期定价策略。

这是指当消费者兴趣转移或新产品推出导致销售量急剧下降时,采取的定价销售策略。

二、折扣定价策略

数量折扣是企业对购买商品数量达到一定数额的买主给予价格上的优惠折扣。

季节折扣,也称季节差价。一般在有明显的淡、旺季的行业中实行。

付现折扣,是销售方对及时付清账款的购买者的一种价格折扣。

业务折扣,也称同业折扣,是生产厂家给予批发企业和零售企业的折扣。

三、差别定价策略

1. 产品差价策略。

是指依据同一商品不同规格、型号以及不同需求弹性,确定其不同的销售价格的策略。

2. 季节差价策略。

是指对具有季节性特点或流行性较强的商品,在其上市前期实行高价策略;

而在商品上市后期实行低价策略的定价方式。

3. 顾客差价策略。

是指根据顾客的不同购买类型与特点，同一商品以不同的价格出售。顾客购买类型分消费者购买、用户购买、集团购买等。

4. 地区差价策略。

是指根据不同地区对同一商品的不同需求弹性，确定该商品在各个地区的不同销售价格的定价方式。

四、心理定价策略

1. 声誉价格策略。

根据某些消费者有声誉价格的心理，企业定价时应对这部分商品制定一种足够排除一般消费者购买的高价。主要使用在有品牌效应的商品中。

2. 尾数定价策略。

很多零售企业发现消费者往往比较喜欢带尾数的商品标价。比如，同一种商品标价29.99元或标价30.17元，比标价30.00元销路要好。

3. 优质高价策略。

这是根据消费者在同类商品购买中以价格分商品档次的心理而采取定价策略。

4. 习惯性定价策略。

某些基本生活用品，消费者必须经常、重复地购买，因此，这类商品的价格也就"习惯成自然"地为消费者所接受。

5. 价格数字偏好定价策略。

企业定价时要针对消费者对价格数字的偏好心理，采取定价策略。

1.4 服装店定价技巧组合定价法

心理定价法（取脂定价）——利用顾客的求新心理：主要针对那些吸引消费

者的新品

渗透定价——利用顾客的求廉心理：通过薄利多销来实现企业的利润

声望定价——利用顾客的求名心理：主要针对那些知名品牌的服装

零数定价——利用顾客的求准心理

成本定价

成本加成定价

目标利润订价

变动成本订价折扣定价

数量折扣、现金折扣、季节折扣促销定价、招徕订价——通过几款特价服装来吸引顾客，带动其他商品的销售

特殊事件定价——如店庆、节假日等产品组合订价——如衬衫与裤子一起卖比单件卖要实惠，以鼓励顾客多买产品。

价值感知订价——在顾客估计价格的基础上进行定价

1.5 网店定价技巧

网上商品向来以低价为竞争的不二利器，可以说，价格对于网店比实体店更为重要和敏感。那么，网店里的商品有什么定价技巧呢？

1.5.1 同价销售术

英国有一家小店，起初生意很不景气。一天，店主灵机一动，想出一招：只要顾客出1英镑，便可在店内任选一件商品（店内商品都是同一价格的）。尽管一些商品的价格略高于市价，但仍招徕了大批顾客，销售额比附近几家百货公司都高。

比较流行的同价销售术还有分柜同价销售，比如，有的小商店开设1元、10元、50元、100元商品专柜。

1.5.2 分割法

价格分割是一种心理策略。定价时采用这种技巧,能造成买方心理上的价格便宜感。价格分割包括下面两种形式:

一、用较小的单位报价

例如,茶叶每公斤 10 元报成每 50 克 0.5 元,大米每吨 1000 元报成每公斤 1 元等等。巴黎地铁的广告是:"只需付 30 法郎,就有 200 万旅客能看到您的广告。"

二、用较小单位商品的价格进行比较

例如,"每天少抽一支烟,每日就可订一份报纸。"

1.5.3 特高价法

特高价法即在新商品开始投放市场时,把价格定得大大高于成本,使企业在短期内能获得大量盈利,以后再根据市场形势的变化来调整价格。

某地有一商店进了少量中高档女外套,进价 580 元一件。该商店的经营者见这种外套用料、做工都很好,色彩、款式也很新颖,在本地市场上还没有出现过,于是定出 1280 元一件的高价,居然很快就销完了。

1.5.4 低价法

这种策略是先将产品的价格定得尽可能低一些,使新产品迅速被消费者所接受,优先在市场取得领先地位。

对于一个生产企业来说,将产品的价格定得很低,先打开销路,把市场占下来;然后再扩大生产,降低生产成本。对于商业企业来说,尽可能压低商品的销售价格,虽然单个商品的销售利润比较少,但销售额增大了,总的商业利润会更多。

在应用低价格方法时应注意:高档商品慎用,对追求高消费的消费者慎用。

1.5.5 安全法

安全定价通常是由成本加正常利润购成的。例如,一条牛仔裤的成本是 80

元，根据服装行业的一般利润水平，期待每条牛仔裤能获 20 元的利润，那么，这条牛仔裤的安全价格为 100 元。安全定价，价格适合。

1.5.6 非整数法

这种把商品零售价格定成带有零头结尾的非整数的做法，是一种极能激发消费者购买欲望的价格。非整数价格虽与整数价格相近，但它给予消费者的心理信息是不一样的。

一家日用杂品店进了一批货，以每件 1 元的价格销售，可购买者并不踊跃。无奈商店只好决定降价，但考虑到进货成本，只降了 2 分钱，价格变成 9 角 8 分。想不到就是这 2 分钱之差竟使局面陡变，买者络绎不绝，货物很快销售一空。售货员欣喜之余，慨叹一声，只差 2 分钱呀。

1.5.7 整数法

美国的一位汽车制造商曾公开宣称，要为世界上最富有的人制造一种大型高级豪华轿车，价格定为 100 万美元的整数价。为什么？因为高档豪华的购买者，一般都有显示其身份、地位、富有、大度的心理欲求，整数价格正迎合了这种心理。对于高档商品、耐用商品等宜采用整数定价策略，给顾客一种"一分钱一分货"的感觉，以树立商品形象。

1.5.8 弧形数字法

据调查发现，商品定价时所用数字的频率，依次是 5、8、0、3、6、9、2、4、7、1。这不是偶然的，究其根源是顾客消费心理的作用。带有弧形线条的数字，如 5、8 等比不带弧线的数字有刺激感，易为顾客接受；而不带有弧形线条的数字，如 1、7、4 等比较而言就不大受欢迎。

在价格的数字应用上，应结合我国国情。很多人喜欢 8 这个数字，并认为它会给自己带来发财的好运；4 字因为与"死"同音，被人忌讳；7 字，人们一般感觉不舒心；6 字，因中国老百姓有六六大顺的说法，所以比较受欢迎。

1.5.9 分级法

先有价格，后有商品，记住看顾客的钱袋定价。

法籍华裔企业家林昌横生财有道,在制定产品销售价格时,总是考虑顾客的购买能力。例如,他生产的皮带,就是根据法国人的高、中、低收入定价的。低档货定在50法郎左右,用料是普通牛羊皮,适合低收入者;高档货适合高收入者,定在500至800法郎范围内,用料贵重,有蟒皮、鳄皮。

1.5.10 调整法

德国奥斯登零售公司刚推出1万套内衣外穿的时装时,定价超过普通内衣价格的4.5倍至6.2倍,但因为特色鲜明,照样旺销。可后来,当德国各大城市相继大批推出这种内衣外穿的时装时,奥斯登却将价格骤降到只略高于普通内衣的价格,同样一销而光。这样,又过了8个月,当内衣外穿时装已经不那么吸引人时,奥斯登又以"成本价"出售,每套时装的价格还不到普通内衣的60%,这种过时衣服在奥斯登还是十分畅销。

好的调整犹如润滑油,能使畅销、平销、滞销商品都畅通无阻。

1.5.11 习惯法

许多商品在市场上流通已经形成了一个人所共知的基本价格,这类商品一般不应轻易涨价。

在我国,火柴每盒2分,这个习惯价一直稳定了20多年。1984年湖南省的火柴涨至每盒3分,一段时间,当地消费者宁愿买2分一盒的小盒旅行火柴,也不愿买本省的火柴。但是,如果商品的生产成本过高,又不能涨价该怎么办呢?其实可以采取一些灵活变通的办法,如减少用料、减轻分量,如将冰棒做得小一点、将火柴少装几根。聪明的商家善于在不变中求变。

1.5.12 明码法

某一天,地处延平北路的新华皮鞋公司门口,挂出了"不二价"的特大招牌。这在当时的延平北路可谓风险冒得太大。因为当时人们到延平北路买东西时,厂商们都把售价提高两倍左右,以便还价时给折扣。新华皮鞋公司实施"不二价"不久,很多顾客对它的皮鞋非常中意,可总觉得照价付钱亏了,使许多眼

创业指向标

见成交的生意吹了。该公司老板认为"顾客会货比数家，再来'新华'的"，便决定再挺一阵子。果然不出所料，时隔不久，新华公司门庭若市。许多顾客到可以还价的商店购买，打折后，皮鞋价格往往仍比新华皮鞋公司的要高，因此顾客们纷纷回头光顾那儿。

第2节　把握顾客的需求心理

2.1　顾客需要什么

顾客需求不仅是市场营销的起源，也是营销策划的基础。需求是人们有能力购买且愿意购买以满足其欲望的状况，需求不是由社会和企业经营创造的，而是存在于人类本身的生理组织和社会地位状况之中。需求按著名的心理学家阿尔布汉姆·马斯洛的划分可分为五个层次：

2.1.1　生理需求

它是维持人类自身生命的基本需要，如吃饭、喝水、睡眠、取暖等。服装最基本的功能是取暖，它可以满足人们的生理需要。但随着社会的发展，服装的用途更广泛，更多地用于满足顾客的其他需求。

2.1.2　安全需求

这是人们避免人身危险和失业等的需求。

2.1.3　社会需求

由于人是社会人，他们希望被群体接受从而有所归属，并为别人所承认。在满足这一需求时，与人交往中形象是很重要的，相应的服饰的作用也就不可忽视了。在开店调查时，要了解周围顾客是哪个社会阶层的以及周围环境与相关群体对顾客的可能影响。

2.1.4　被尊重的需求

人满足了自己的归属及认可的需求，就要求得到尊重，希望通过自己的才华

与成就获得别人的尊重。高层人士对服饰要求更高，要有适合于不同场合及不同身份的服装。在店面装潢时，要注意能否吸引这类人。

2.1.5 自我实现的需求

这是人希望自己潜在的能力得到最大程度的发挥的需求。

2.2 消费者的购买动机及需求倾向

2.2.1 购买动机

只有消费者产生了某种购买动机，才能促使他们走进商店，参观并选择所需商品，最后才发生购买行为。一般而言，购买动机有多种类型，主要有：

一、需要动机

根据人性的需要和消费资料的特点，有生存需要、享受需要、发展需要三种需要动机。

二、心理型动机

消费者购买行为不仅受重现本能的驱使，而且受到心理活动的支配。消费者在购买过程中，常常伴有复杂的心理活动，由心理活动引起的购买动机即心理动机。按心理分类，主要可分理智购买和感情购买动机，在此基础上又产生出惠顾购买动机。

2.2.2 需求倾向

消费者在挑选商品时具有具体的心理需求倾向。比如求实、求新、求美、求廉、求名等的心理倾向。

2.2 常见顾客类型

一、爱好辩论者

对各导购的话语都持异议；

不相信售货员的话，总想要从导购的话中寻找差错。

应对方法：出示服装，使顾客确信是好的；介绍有关服装的知识，交谈时最好用"对，但是……"这样的话。

二、"身上长刺"的顾客

明显的心情不好或者脾气不好；

稍微遇到点惹人烦恼的事情就发怒；

其行动好像是预先准备的。

应对方法：避免争论，坚持基本事实，根据顾客的需要出示各种好的颜色式样。

三、果断的顾客

懂得他要的是什么样式的衣服；

他很确信自己的选择是正确的；

对其它的见解不感兴趣，希望导购的语言简洁。

应对方法：争取做成买卖，不要争论，自然地销售；机智地插入一点见解。

四、有疑惑的顾客

不相信导购的话；

不愿受人支配；

要经过谨慎的考虑才能做出决定。

五、注意了解实际情况的顾客

对有实际根据的信息很感兴趣，愿意了解更多服装的信息；

对导购介绍中的差错很警觉；

注重察看现在品牌的商标。

应对方法：要强调商标，品牌商的真实情况，自动提供详细信息。

六、犹豫不决的顾客

不自在，敏感；

容易"头脑过热"，在非正常价格下购买服装；

对自己的判断没有把握。

应对方法：对顾客友好，尊重他们，使他们感到舒服。

七、易于冲动的顾客

会很快地做出决定和选购；

急躁，没有耐性；

易于突然停止购买。

应对方法：迅速接近顾客，避免过多的销售，避免讲话过多，注意关键的地方。

八、优柔寡断的顾客

自己能做出决定的能力很小；

顾虑，不安，恐怕考虑不周出现差错；

要导购帮助作出决定，要求导购当参谋，要求导购做出的决定是对的。

应对方法：将顾客表示的疑虑搁在一边，实事求是地介绍有关服装的长处和价值。

九、四周环顾的顾客

细看服装，看看有什么新产品；

不要导购说废话；

可能大量购买。

应对方法：注视"购买"迹象，有礼貌地、热情地突出商店的服务。

2.3　了解顾客需求的方法

大多数导购员销售产品时，最容易陷入的一个误区，就是在不了解顾客需求之前，急于介绍商品。

在导购员培训的过程中，导购员反映较多的是顾客不配合。问顾客需要什么，顾客要么免开尊口，要么说"随便看看""看看再说"。要了解他们的具体需求，很难。

如何了解顾客需求？通常可以采用以下四种方法：

一、问——询问

第一步主要是询问，通过问来了解顾客需求。

二、听——聆听

1. 聆听是种情感活动

一个优秀的导购人员听顾客讲话要像听父母、领导、老师讲话一样专注。

向对方传递一种信息：我很想听你说话，我尊重和关注你。

2. 客户讲话时不要打断

交流中，聆听比自己说话要重要得多，只有通过聆听你才能了解客户的真实意图，才能让你说的话有说服力。我们在对销售人员做的调查中，发现了很多打断客户讲话的情形，这不是专业的销售人员的表现，也是对客户的失礼。

3. 适时给予客户适当的鼓励和恭维

这样，顾客会告诉你更多。

三、想——思考

在与客户沟通的时候，要通过客户说的话，进行思考，来了解客户的需求。

四、看——观察

通过看来了解需求，导购员要眼观六路耳听八方。导购员不在于学历高低，要善于观察，观察客户的随身物品、言谈举止、穿着打扮、神态表情、肢体语言，通过观察了解客户的需求。

2.4　如何抓住顾客的心

"顾问式"销售是指在接待顾客、服装销售的过程中，将导购的角色定义为顾客穿衣着装的"顾问"，给予顾客合理而妥帖的服装专业建议。从而不但增加销售业绩而且使顾客满意，赢得充分的"回头率"。

创业指向标

这种销售方式不但"事半功倍"地提升销售业绩,而且能有效地帮助服装店铺抓住核心顾客资源。"工欲善其事,必先利其器",练就娴熟的顾问式销售技巧,需要几个关键"武器"。

"武器"之———了解服装卖点

服装的销售是紧紧围绕服装来进行的,与顾客沟通、实现销售的唯一载体也是服装,因此导购必须对服装要非常清楚熟悉。不但要熟记款号、价格、色彩、尺码、面料,还要清楚各种面料的特性、洗涤方式、竞争对手的同类商品价格、性价比、款式风格的特点等等,综合起来可以称为服装的"卖点"。

很多服装店铺的导购并不清楚"卖点"的重要性或不知道"卖点"该如何表达,所以,宁可经常无所事事地在店铺聊天、发呆,也不愿意花工夫熟悉服装的各种特性,更不愿意去了解竞争对手的情况以及本品牌服装的性价比。店铺成交率低很大因素在于导购根本不清楚自己所销售服装的情况。

"武器"之二——专业的服装知识

既然作为顾客穿衣着装的"顾问",那么与服装相关的专业知识就必须具备。其实,顾客在购物的过程中,存在"信息不对称",即顾客在他(她)非专业的领域内,对商品的知识信息是比较匮乏的。购买决策的形成与专业建议是密不可分的。如果导购在服装的专业知识把握上充分而有深度,那么完全可以在顾客的购买过程中,占据主动态势并引导顾客进行服装的挑选进而做出购买决策。服装的专业知识包括:服装的流行资讯、服装搭配方法、服装版型结构、服装保养等等。只有当顾客在你这里得到满意的服饰建议并且实际效果也证实如此时,你才牢牢地抓住了这名顾客。

运用专业的服装知识给顾客进行推介时,要做到:注意观察顾客的身高、体型、肤色、发型、三围;攀谈了解顾客的穿着场合、职业、穿着习惯等情况;并根据综合分析和本店铺现有的衣服款式种类,迅速为顾客搭配几身不同场合、不同环境下所穿的衣服。

"武器"之三——洞察顾客的心理

服装店铺的导购还必须具备敏锐的观察能力，在顾客跨入店铺的瞬间，就要对顾客做全面的观察：体型、神态、气质、衣着……在心中对顾客的职业、经济收入、服装尺码、风格类型做判断，并迅速地在脑海中选择可推介的新品。要准确把握顾客的心理，必须对顾客做深入细致的观察和判断，否则，所推介的商品根本就不是顾客需要的。

2.5 如何处理与顾客的关系

销售情景：导购建议顾客试穿衣服，可顾客就是不肯采纳导购建议。

错误应对

1. 喜欢的话，可以试穿。
2. 这是我们的新款，欢迎试穿。
3. 这件也不错，试一下吧。

问题诊断

"喜欢的话，可以试穿"和"这是我们的新款，欢迎试穿"这两句话几乎成了中国服饰店铺销售中最常见的经典用语。有的导购只要看到顾客一进店或者开始触摸衣服就这么大声招呼，让顾客听得耳朵都起老茧，但其实说的都是废话，因为顾客买衣服肯定要试穿。"这件也不错，试一下吧"，则是由于导购自己缺乏专业知识，未能向顾客推荐适合的款式；只要看到顾客看哪件衣服就说哪件不错，导致顾客不信任导购的推荐，可以说是我们导购自己的表现让顾客不把我们的建议当一回事。

导购策略

服饰门店销售应该有创新意识，不能总是用一成不变的语言与思维去应对顾客不断变化的需求和越来越挑剔的要求。要想在竞争激烈的服装市场争夺更大的市场占有率，就必须在很多细节上做得与你的竞争对手不一样，这其中就包括沟通中与顾客的语言应对。

例如导购要求顾客试穿的时候，首先，要把握机会，不可以过早提出试穿建议；其次，建议试穿一定要有信心，这种信心可以通过语言与肢体的力量表现出来；再次，建议试穿时不要轻易放弃，如果对方拒绝，应该事先想好再度要求对方试穿的充分理由，并让顾客感觉合情合理，但建议试穿不要超过三次，否则就会让顾客有反感情绪；最后，在顾客面前树立自己专业的顾问形象并取得顾客的信任，对于顾客消费具有积极的推动作用。

语言模板

导购：小姐，您真是非常有眼光。这件衣服是我们这个礼拜卖得最火的一款，每天都要卖出五六件呢。以您的身材，我相信您穿上后效果一定不错！来，这边有试衣间，请跟我来试穿一下，看看效果怎么样……（不等回答就提着衣服主动引导顾客去试衣间，尤其适用于犹豫不决的顾客）

导购：小姐，您真有眼光。这款衣服是我们的新款，卖得非常好！来，我给您介绍一下，这款衣服采用××工艺和面料，导入××风格与款式，非常受像您这样的白领女性欢迎。以您的气质与身材，我认为您穿这件衣服效果一定不错。来，小姐，光我说好看还不行，这边有试衣间，您可以自己穿上看看效果，这边请……（提着衣服引导顾客去试衣间）

2.6 网购者的消费心理分析

网购者的消费行为是个人消费与社会消费交织在一起的行为。网购消费者在整个流通过程中不但扮演着个人购买者的角色，同时也扮演着社会客户的角色，起着引导社会消费的作用。网络消费具有如下特点：

一、顾客需求是积极主动的

在传统消费中，顾客只是被动接受商家提供的有限的服务及信息。在购买商品时，很多消费者都缺乏足够的专业知识，但他们有获取这方面知识的心理需求。由于这些信息是消费者自己获取的，在选择商品时会变得主动积极。而互联网则是一个很好的学习途径，消费者可以在浏览商务网站的过程中获得更多的信息，不但可以开阔自己的视野，还可以接触到新的知识和技能，这就使得他们的消费行为具有主动性。

二、消费者的行为更为理性化

互联网的电子商务平台让消费者可以获得无限制的选择范围。由于电子商务的特殊环境，消费者只需要面对电脑屏幕，没有外界的嘈杂和各种外界因素的诱惑，商品的选择范围也没有地域限制，消费者可以理性地进行消费。这些理性行为主要表现在：

1. 商品的价位可以通过对比最后决定购买。
2. 网购消费者可以向商家表达出自己的购买欲望和要求。

三、购买方便与购买乐趣的追求

由于各种原因，消费者的网购行为主要是由于电子商务的便利性，在时间、精力等方面可以得到最大程度的节省；特别是对于需求和品牌选择都相对稳定的日常消费品，这一点是尤为突出的。当然，还有一部分消费者是把网购当成一种乐趣，他们的时间与精力都很充足，可以自己支配时间，他们可以通过网购寻找生活中的乐趣，保持与社会的联系。

四、注重个性消费

网购消费者的受教育程度在不断提高，人民的收入也在持续增加。越来越多的人开始崇尚个性化消费，电子商务的购物环境恰恰可以让网购消费者们很容易达到这个要求。个性化消费者可以通过互联网的互动功能参与产品的设计，同时也可以指导生产；他们会向商家提出自己对某些商品的欲望，定制化生产将会变得越来越普遍。只有在心理上认同了商品才会做出最后的购买决定，个性化消费必将成为消费主流。

五、消费者的忠诚度下降

网购消费者对自己的需求认识越来越细致，而在互联网上可以获得更多的信息，信息的增加也就提供了更多的选择机会，所以在电子商务活动中消费者购物

反而会变得越来越现实。由于互联网使用成本越来越低，导致消费者转换成本也随之降低，这样就引起了消费者忠诚度的下降。

2.7 网络营销下提高顾客忠诚度的策略

以上简单分析了网络营销条件下影响顾客忠诚度形成的相关因素。以下简单地列举几种可以提高顾客忠诚度、建立信任关系、提高顾客情感转换成本的通用策略，并以当当网为例加以说明。

2.7.1 建立完整的顾客信息系统

使顾客满意最重要的基础是建立一套完整的顾客信息系统，以随时了解顾客的状态和动态。只有清楚地掌握顾客的动态特征，企业才可能更好地为顾客提供所需要的产品或服务，才能让顾客感到满意，并逐渐形成对企业的忠诚。网络的发展为顾客信息系统的建立提供了非常便利的条件，网络营销的各种工具帮助企业以低成本、有效的方式搜集顾客的信息。企业可以应用各种网络营销工具系统挖掘、管理和利用消费者信息资料，对消费者的了解达到深入细致的程度；然后充分调用这些信息，准确调整产品和服务的内容，满足顾客独特的要求和爱好。网络营销工具能够帮助企业将信息系统化、归纳总结并加以运用，使之条理清晰并可供众人共享，成为企业的战略资产，最终在企业决策中发挥应有作用。当当网通过完整的信息系统做出安全承诺：承诺顾客个人信息是安全的，网上支付的付款方式是安全的；为了进一步的安全性，还设立了安全模式：使用由 verisign 颁发的全球服务器证书。

2.7.2 多渠道与消费者沟通

网络营销时代，沟通渠道的改变对企业影响极大，这种变化很大程度上应归功于国际互联网。良好的多渠道沟通能力，可以大大提高企业的销售业绩。研究表明，采用多渠道沟通策略后，可节省销售成本的20%～50%。取得如此效果的途径可以是：在销售开始和发展阶段，尽量使用成本较低、接触较简洁的沟通手

第七章 了解顾客的购买心理

段，如电子邮件、电话沟通等方式，只要保证质量即可；但在最后临近尾声之时，可转换为高成本、接触较为紧密的方式（如销售人员介入等）来力促交易的达成。多种交流方式的好处当然不仅限于降低成本这一点，它们还可以帮助企业联系到更多的潜在消费人群。所以，企业为了全面覆盖市场，在竞争中占有尽可能高的市场份额，需要建立多种交流渠道。多种与顾客交流的手段还可以产生"多渠道合力效应"，即多种渠道同时运转所能发挥的作用，较之每个渠道单独发挥的效力相加要大。现代企业，无论从事什么行业或者规模的大小，都应认识到采用多种沟通渠道策略的益处，并积极运筹和实施具有自己企业特色的多渠道沟通战略。将多种沟通渠道有机整合并充分加以利用，不仅促进了企业的商务活动，更会使消费者享受到多种交流渠道之间自由选择、转换的权利和乐趣。如当当网运用了大量的图片，使网站在视觉上非常吸引人，仿佛置身超级市场，能够引发消费者购物的冲动。

2.7.3 为顾客提供个性化服务

网络营销下的顾客有自己特定的特点，他们更加追求时尚、自主，更喜欢冒险、刺激。因此，他们越来越重视个性化服务，希望自己能被当作一个独立、独特的顾客来对待，渴望个人的需求能受到商家的关注。此外，设计良好的个性化商务活动过程，能使消费者感到同这个供应商打交道比较容易、有效率、也很愉悦。在网络营销时代，"个性化"的核心在于使企业提供的服务与消费者的个人消费倾向达到有效匹配。个性化不仅可以提高顾客满意度，而且更重要的是通过提供个性化的产品以及服务可以帮助企业与顾客建立非常密切的信任关系，从而大大提高顾客的忠诚度。当当网在提供个性化服务方面做得就比较好，比如实现顾客定制化。通过 CRM 系统，分析每位客户的原始资料（年龄、性别、地理位置、家庭情况、收入情况等）和历史交易纪录，通过分析推断客户的消费习惯、消费心理、消费层次、忠诚度和潜在价值。根据客户的不同需要和习惯提供给客户不同的服务，最终向客户提供一对一的服务。当当网还注意培养顾客。邮件服务似乎是公认的性价比最高的服务，几乎所有的网上书店都有相对完善的邮件管理系统。CRM 系统在用户许可的情况下发送相关电子邮件：如降价促销、礼品馈送、产品推荐、提醒备忘等等。要关怀顾客，鉴于中国网上付款的发展瓶颈，当当网在北京、上海和广州都建有仓储中心，同时在 75 个城市与民间快递公司合作；由送货员骑自行车送货到门，并负责收款，快递到不了的城市则靠邮寄商品。在收到货款后，会发手机短信告知消费者出货时间。当当网还提供愿望列表与礼品注册服务，客户可以对购买的产品选择个性化的包装、选择馈赠对象、定制祝福语言等。尽管个性化服务相对增加了一定成本，但能大大提高客户忠诚度，提高企业形象。另外，注重加强网上社区建设，当当网上的每一件商品，顾客都可以发表自己的评论。除此之外，用手机短信和及时通讯业务等多种方式与顾客沟通，包括短信、邮件、在线文字、语音和视频联系等方式，都取得了良好的效果。

2.8　服装店如何提高自身销售额

服装店要提高自身销售额，就得做好店铺的宣传与推广。现在的店铺有好多种，大体可分为实体店和网店两类。针对实体店，宣传基本上靠口碑，口口相传。实体店可以印刷宣传单，在特定消费人群流动量大的地方，进行宣传，例如有的店铺凭单可打折优惠，这对于新开的店，尤为重要。女装的话，可以与美容院、美发店、酒店或其他的高档消费场所合作，那里的顾客，消费后可获得一张会员卡，直接入店消费可按会员折扣。这就是客似云来的原因。而且那些地方的人，爱美的人很多，越爱美的人，消费越频繁；身材越好，越爱买衣服。

实体店和网店的宣传，大同小异。只不过是宣传的平台有所不同。

一、宣传的方式

让顾客参与活动是很不错的方法，阿里以及淘宝都有定时推出的推广活动，及时关注并参与是很重要的。效果肯定是有的，有些需要一定的资格和费用。

二、商品上下架时间的研究

原则就是：什么时候人多，什么时候上架。

三、商铺本身的形象就是宣传，所以定位装修是很重要的宣传方式之一

商铺传递给消费者的第一感觉就是直观的宣传，先入为主。人，都是善变的，喜新厌旧，至少在服装消费上会出现这样的心理。事实上装修的定位好坏，关系着销售额的高低。专卖店的装修给人以高档的感觉，有品质感，使人感觉舒适，对货品放心。但每一季都有不同的服装卖点，要让客人感觉到总是有新的东西在吸引着她们，心理诉求得到满足。网店的装修同样是这个道理。

2.9　区别店头与店底的顾客

店铺的卖场中，店头与店底部分的顾客动机不同，如何区别其间的差异呢？

店头部分：通常都是路过行人顺道浏览，虽然顾客人数众多，但是购买的商品单价偏低。

店底部分：一般而言，只有部分店头顾客会深入店底，或进入站内购买某项商品。

中央部分：店头顾客进入店底所需途经的区域，顾客动向遂呈现出中间性格。

2.10　女性顾客如何着装更好看

潮流是一种轮回，女性着装不要追赶潮流，可以比潮流快半拍或慢一拍。首先要根据自己的喜好，以自己的方式演绎时尚，但起码不要引起别人的侧目。比如若把绿色与红色相搭配，公众会认为你品位有问题。而以下的二十条女性衣着黄金法则让你永远不落伍。

1. 由浅入深，穿衣有三层境界：第一层是和谐，第二层是美感，第三层是个性。

2. 聪明、理智的你买衣服时可以根据下面三个标准选择，不符合其中任何一个的都不要掏出钱包：你喜欢的、你适合的、你需要的。

3. 经典很重要，时髦也很重要，但切不能忘记的是一点匠心独具的别致。

4. 和挑选爱人一样，适合自己的才是最好的。

5. 太注重品牌，这样往往会让你忽视了内在的东西。

6. 着装可以给予女人很多种曲线，其中最美的依然是 S 形，衬托出女性苗条、修长的身段，女人味儿十足。

7. 多花些时间和精力在服装的搭配上，不仅能让你以十件衣服穿出二十款搭配，还可以锻炼自己的审美品位。

8. 你的衣服不是每天都洗，但也要在条件许可的情况下争取每天都更换一下。两套衣服轮流穿着一周比一套衣服连着穿三天会更加让人觉得你整洁、有条理。

9. 外穿精良材质的保暖外套，里面则穿上轻薄的毛衣或衬衫，这样的国际化着装原则将会越来越流行。

10. 没有所谓的流行，穿出自己的个性就是真正的流行。

11. 无论是色彩还是细节上，相近元素的使用虽然安全却不免平淡；适当运用对立元素，巧妙结合，会有事半功倍的美妙效果。

12. 对于成熟的都市女子来说，着装最根本的是高贵和冷静。

13. 着装发展到今日，其成熟已经体现为完美的搭配而非单件的精彩。

14. 衣饰在晚宴和派对上将会永远风行，但全身除首饰以外的亮点不要超过两个，否则还不如一件都没有。

15. 品质精良的白衬衫是你衣橱中不能缺少的，没有任何衣饰比它更加能够千变万化。

16. 每个季节都会有新的流行元素出台，不要盲目跟风，让自己变成潮流预报员，反而失去了自己的风格。关键是购买经典款式的衣饰，耐穿、耐看，同时加入一些潮流元素，不至于太显沉闷。

17. 灰色是都市永远的流行色，但如果你脸色不是太好则最好避免；加入灰色的彩色既亮丽又不会太跳，不挑人，是合适的选择。

18. 服饰的搭配很重要。不管是颜色的搭配，还是款式的搭配，以及饰物的搭配，都要和谐才是最好的。

19. 配饰不可少，衣服仅仅是第一步，在预算中留出配饰的空间，认为配饰可有可无的人是没有品位的。

20. 树立自己的审美方向和色彩体系，不要让衣橱成为色彩王国。选择白色、黑色、米色等基础色作为日常着装的主色调，而在饰品上活跃色彩。有助于建立自己的着装风格，给人留下明确的印象；而且由于色彩上不会冲撞，也可以提高衣服间的搭配指数。

创业指向标

第3节 捕捉顾客的购买信号及如何向顾客推销

3.1 善于捕捉顾客的购买信号

在服装店的经营中,如何抓住顾客的心理是个重要的问题。经营者要让顾客愿意走进店内,并且乐于为商品付钱。这里面,需要店铺在装修和服务等问题上能够吸引顾客;同时,营业员也要让顾客有足够的购买自信,从某种层面上来说,增加顾客的信心也应该是一种销售服务。

按照时间的先后顺序,服装零售服务大致可划分为售前服务、售中服务和售后服务。

一、售前服务:增强顾客进店信心

营业员最苦恼的莫过于顾客三过店门而不入,越是店内顾客少时这种现象越是严重。当顾客发现店内顾客很少时,就难免根据这种状况做出大致推断:此店不适合大部分人消费。原因可能是商品缺乏吸引力、价格难以承受等等。这种推断使顾客严重缺乏进店选购的信心。这种情况下,营业员可以从两方面努力以增强顾客进店信心。

发信号鼓励是一个不错的方法。信号可以是营业员自身形象传递的,也可以是营业员主动传递的。营业员的服饰需整洁大方、端庄朴素、轻便协调、色彩和谐。

再就是通过陈列品增加对感官的刺激。商品陈列时要将顾客最感兴趣的样式摆在顾客最易注意到的地方,可以根据进店顾客的表现把握顾客的兴趣所在。除了商品的陈列，店内相关装饰物的摆放同样会影响顾客进店的信心。

二、售中服务：坚定顾客的自信心

售中服务就是售货过程中的服务，可以说是针对消费者在进行购物之际所提供的服务。主要内容包括：礼貌热情待客、提供产品信息、营业的时间、购物过程的方便程度、提供产品的种类、包装和付款方式等。

顾客在下定购买决策时最大的担忧就是所选服装不适合自己，穿上之后达不到自己想要的效果。帮助顾客坚定自信心要做到以下几点：

首先，营业员要专业自信。营业员自信的基础就是足够专业。营业员对服装的品牌、款型、价格、质地、各款服装的主要卖点都应了然于胸，随问随答。

其次，营业员要注意平易待客。营业员要懂得察言观色，在合适的时候给出恰当建议，避免压迫感的产生。

最后，营业员还要懂得欣赏。当顾客即将做出购买决策但受到自信心阻碍时，营业员的欣赏至关重要，能够帮助顾客增添自信、克服障碍。

三、售后服务：维护顾客对商店的信心

营业员开单、顾客付款并不代表服务到此结束，营业员还需做出两方面的努力，以维护顾客对商店的信心。

不要忽视售后服务。服装售后服务的主要内容为：服装的退货、换货，服装的清洗，服装的保养，服装的使用和选配服饰等。

"欢迎下次光临"。当顾客感受到真诚，对此次购买经历十分满意时，营业员不妨利用这一难得的机会，向顾客介绍近期将在商店出现的新款服装，欢迎其届时光临。

在销售的过程中，营业员扮演着重要的角色，他们是顾客与店铺之间的纽带，代表着店铺的态度，是赢得顾客信心的关键。因此，店面经营者也必须要重视对营业员的素质培养。

3.2 向顾客推销的技巧

3.2.1 顾客是可以创造的

顾客只要一跨进你的店门，就意味着有销售商品的可能，所以给他一个热情的微笑，一句真诚的问候，相信这位顾客很可能就变成你的买客了。所以公司要求店员对来店的顾客要提供"三个一"服务，即一句问候、一个微笑和一杯水服务。

3.2.2 决定推销对象

通常有时进店购买的不只一人，可能是一对夫妇或跟朋友、同事一起来。这时就必须先判定谁是购买的决定者。只要判断正确了，紧接着的推销就可起到事半功倍的效果。

3.2.3 过于热情会赶走顾客

当顾客刚进店在看商品，还没有决定购买时，他们的心情都是比较胆怯的，对店员的行为也比较敏感。特别是一些生疏的客人，如果对他过分积极地接待，可能会导致他的反感。此时不如给他一个相对宽松的环境，与之保持一定的距离，但要留意客人的举止，需要时再主动上前服务。

3.2.4 因人而异的推销

因每个顾客对商品的需求各有不同，所以在向顾客推荐商品时，必须先判断顾客穿着的品位、风格、档次等，然后再推荐介绍。如果盲目地推荐只会造成顾客对你的不信赖。况且公司推崇的是"服务经营"，而不是"贩卖销售"的旧观念，赢得客人的信赖才是最重要的。

3.2.5 给顾客台阶的推销

顾客一般都比较好面子，所以在推销过程中，一定要顾及他们的自尊。在可能伤及顾客自尊的情况下要选择合适的理由，给他们台阶下。这样既能做成交易，又不伤及顾客。

3.2.6 幽默推销法

幽默是一种润滑剂，它能够缓和僵局，制造轻松的气氛，即使在推销上也不失是个好方法。在向客人推荐商品时，一句幽默的话往往可以博得客人的开心，从而放松防备的心理，最后达成交易。不过须注意幽默推销时要懂得把握时机和推销的对象。

3.2.7 让对方说是的推销法

一个人说"是"越多，他被别人的意见和立场所"俘虏"的可能性就越大。比如有客人对我们的价格定位表示怀疑，那你就可以这样对他说："我们这边的店租是不是比其他地方便宜很多呢？"对方肯定说是。然后你说："那是不是我们的经营成本就会低很多呢？"客人也会点点头。接着你又说："羊毛出在羊身上，那我们的价格肯定会比别人低，是吧！"相信通过这样的一番交谈，客人就能理解了。不过交谈的时候一定要注意面带微笑、心平气和，而不是咄咄逼人，否则客人即使能接受你的观点，也不能接受你的态度。

创业指向标

第4节 如何处理顾客的抱怨和投诉

4.1 倾听抱怨处理流程

4.1.1 倾听客户抱怨

虚心接受客户抱怨，耐心倾听对方诉说。客户只有在利益受到损害时才会将抱怨转变为投诉，因此要专心倾听。让客户的怒火尽情发泄，在他们的愤怒发泄完之前，你是不可能帮他们解决任何问题的。记住，永远不要和发怒的客户去争论。

4.1.2 理解客户的感受

客户肺活量再大，最后也会没力气，这时候就是你跳起来说"我听明白您的话了"的时候了，这会让他觉得自己的力气没有白费；并且要及时表明你对客户发火的理解和歉意，"发生这么严重的事情，难怪您今天会有这么大的火气，以前每次接到您的电话我都非常高兴，因为您总是……我对发生这样的事情深感歉意"，让客户感受到愤怒和委屈被人理解。但不要解释事情的原因，即使你理解了客户此时的心情，对客户还未平稳的情绪而言，马上解释事情的缘由无异于火上浇油。因为他会认为你在推卸责任，不想解决问题。

4.1.3 重复事情的经过

通过重复客户抱怨的事情经过，以明确你真正了解了客户的问题。同时在重复事情经过的过程中，你要收集有助于解决问题的信息，避免尽早下结论，把所有的事实都调查清楚；并要注意引导客户的思路，将事情引入有利于自己处理结果的方向。

但要注意：即使你发现问题是客户自身的原因造成的，也不能马上指出客户的错误，并且永远不能把错误指向客户。

4.1.4 转换客户的要求

当客户确认你已经理解了他的感受，并了解事情的经过后，接下来的问题是了解他对解决事情的要求。避免对客户的要求说"不"。无论到什么时候，客户最不愿意听到的就是自己的要求被拒绝。想想"客户永远是对的"这句话。

同时要找出客户最关心的是什么，这是问题得到解决的关键；引导客户的思路，将要求进行转换，找出达到客户要求与公司利益的平衡点。

4.1.5 积极协调抱怨的解决方法

根据你了解的情况，详细核实事情的经过，了解事情真正的原因；结合客户的要求，给客户提供多种解决问题的方法，供客户选择。当客户面对两种以上的选择的时候，思维会受到一定程度的限制，接受意见也会更快。

4.1.6 反馈结果并表示感谢

首先要再次表示道歉，将自己认为最佳的一套方案提供给客户，如果客户提出异议，可再换另一套，待客户确认后再实施。结果让客户满意，要对客户的理解和支持认表示感谢；如果还是不能让客户满意，你只好再回到第五步，甚至第四步。

4.1.7 对改进的内容进行跟踪回访

对抱怨问题得到圆满处理的客户，应给予回访。特别是遇重大的节假日，会提高客户的满意度，一个电话或一封电子贺卡，都可能会出现感动客户的效果。对没有得到满意处理的客户，也应选择适当的机会回访，也许事情过去了，客户已经将事情的危机转化，并且问题并没当时想象的那么严重。

4.2 不同投诉情况的处理方法

一、处理商品质量问题时

如果顾客购买的商品质量发生问题，表示门店没有尽到管制商品的责任。解决的办法是要向顾客诚心地道歉，然后替顾客退旧货、换新货。如果顾客由于购买了此种商品而造成精神损失时，门店应该适当地考虑给予赔偿或安慰。具体做法是更换质量无误的新商品后，再送一份礼品。

二、处理商品不当造成投诉时

由于顾客处理不当造成商品破损的情况发生时，应区别对待，如是顾客不注意造成的，应婉转地解释，并免费进行修理。如确是售货员在出售商品时未向顾客详细说明商品使用方法而造成破损的话，错误的原因仍然应在门店，门店一定要诚恳地向顾客道歉，然后以新品来交换旧品，做为补救方法。

三、顾客误会店员而发生投诉时

如果顾客产生误会而投诉，一定要仔细地把事情真相告诉他。但在解释的时候应特别注意，一定要诚恳地让顾客知道你并不是要使他难堪，而只是要使不满的气氛化解于无形而已。经营者应充分地说明门店的立场以及顾客误会的所在；最后，为了不损害顾客的自尊心，可送上一份小礼物，使顾客感受到企业的亲切。

四、待客态度不当时

除督促销售员改进之外，门店在处理这一类的问题时，店长应该仔细地听完顾客的不满，然后向顾客保证今后一定加强店员教育，不让类似情况再度发生。店长应陪同员工一起向顾客道歉，以期得到谅解。

五、事件发生后当场无法解决时

用信件处理时，应注意措辞一定要恭敬有礼，绝无错、漏字，直接进入主题，先向顾客致诚恳的歉意，然后叙述事件的来龙去脉，肯定顾客的意见具有建设性。将门店需要说明的事件详加解释，再次道歉；最后详细把门店的赔偿方法说明，以利于顾客决定。道歉电话是直接会面和道歉信两者都无法做到的权宜之计，可能的话，尽量不要使用电话道歉的方式。在电话会谈后，一定要亲自书写道歉函给顾客以示负责。收到顾客的投诉信后，应立即用电话传达店方道歉的诚意，然后说明立场、处理方式，并详细约定再联络的时间和其他细节。

4.3 投诉的处理流程

第一步：热情。凡顾客出现投诉情况，多数态度不友善，有些甚至骂骂咧咧、怒气冲天。不管顾客态度多么不好，作为经营者都应该热情周到，以礼相待，如此一则体现了经营者处理投诉的态度，二则体现了"顾客是上帝"的原则，三则可以舒缓顾客的愤怒情绪，减少双方的对立态度。

第二步：倾听。面对顾客的投诉，经营者首先要以谦卑的态度认真倾听，并详实记录《顾客投诉登记表》。对顾客要和颜悦色，无论顾客说的对与错、多或少，甚至言辞激烈难听，都不要责难、诘问；顾客言谈间更不要插话，要让顾客把想说的一口气说出，顾客把想说的说出了，内心的火气也就消了一半，这样就便于进一步解决具体问题。倾听时，注意千万不能跟顾客争吵，要尊重顾客。

第三步：道歉。听完顾客的倾诉，要真诚地向顾客道歉，比如："对给您带来的不便，我们向您表示歉意"，或者"大热天让您从大老远跑来实在不好意思"，等等。道歉要恰当合适，不是无原则的道歉，要在保持经营者尊严的基础上道歉。道歉的目的一则为了承担责任，二则为了消顾客的"火气"。

第四步：分析。根据顾客的口述分析顾客投诉属于哪一方面，比如是质量问题、服务问题、使用问题还是价格问题等。更要从顾客口述中分析顾客投诉的要求，同时分析顾客的要求是否合理，以及具体问题出在哪里，以便更好地解决投诉。

第五步：解决。根据顾客的投诉内容和投诉分析，参考《消费者权益保护法》等相关法律规定，决定是经济赔偿、以旧换新、产品赔偿，还是其他具体办法等。把解决方案告知顾客，如顾客同意，则把处理意见登记在《顾客投诉登记表》上并让顾客签名确认。如果顾客不同意，看争议在哪里，同顾客协商解决，不卑不亢，以"息事宁人，保护名誉"为最高原则，尽量满足顾客要求，以期圆满解决顾客投诉。当然，顾客的要求确实"太离谱"的话，则走法律途径，通过法律来解决顾客投诉。顾客投诉如当时无法立即解决，需要说明原因和确切解决时间，到时主动约见顾客。

4.4 如何处理顾客电话方式的投诉

一、以客为尊，放下身价

在接到顾客抱怨电话的时候，经营人员应该放下身价，尽心为顾客服务。处理电话抱怨应该牢记以顾客为尊，千万不要在言语上与顾客产生争执。

二、找出抱怨事由

为了有效地处理埋怨电话，让顾客感到满意，首先必须清楚地了解顾客产生抱怨的根源。

三、寻求解决之道

在处理抱怨电话的过程中，要发自内心、真心实意地去为顾客服务，寻求从根本上解决问题的方法。

四、请教同事或主管

个人的职权范围和能力终归是有限的，当个人无法立刻为顾客解决问题而让顾客感到满意时，请店长出面解决。

五、征询顾客意见

由于对产品或服务不满意而产生的抱怨如何处理，顾客的意见非常重要。

电话报怨处理的注意事项：
在接到客户投诉电话的过程中，公司的业务人员应平心静气，尽心尽力地替客户解决问题，尤其注意以下各种具体事项：

1. 不断向顾客赔不是。

在电话抱怨处理过程中，很可能会遇到得理不饶人的顾客，这时候经营人员应该尽量向顾客赔不是，努力化解顾客心中的不满情绪。最好的应对办法是以柔克刚，通过自己的不断努力将顾客的怒气化为乌有，而绝不是一味地推卸责任。

2. 记录问题点。

在不断向顾客赔不是的过程中，不要忘记时刻记录问题点。同时，还应该要求顾客留下电话号码，以便日后联系。

3. 不要影响个人情绪。

很多顾客是因为对产品或服务不满意，希望通过这样的方式来发泄一下心中的怨气。因此，经营人员的个人情绪不应该受到顾客抱怨的影响。

4. 提供同仁参考、勿重复犯错。

接到一个抱怨电话之后，不要忘记将信息提供给所有的同事分享。通过开会等形式，大家能够将问题点收集起来，以便在今后再遇到类似抱怨电话时处理方法一致。

5. 勿遮掩过失。

经营人员不要只顾维护自己的利益而掩盖过失。

6. 勿规避责任急着把电话转接出去。

经营人员不能规避责任。当遇到问题时，如果将电话转接给另一个同事，而同事又将电话转给其他人时，客户肯定会更加生气，甚至可能采取更为激烈的方式，那样公司就得不偿失了。

7. 不要在电话中与顾客产生争执。

在抱怨电话中，顾客难免是怨气冲冲的。当经营人员无论怎样解释都无法让顾客满意时，经营人员也难免会产生火气。这时候要切记设法转移自己的情绪，和气地让顾客慢慢叙述问题，避免发生进一步的争执。

8. 化解顾客心中的怒气，安抚顾客情绪。

抱怨电话如同烫手山芋，每个人都不喜欢接听。但是，只要通过不断地练习，就可以完全化解顾客剑拔弩张的怒气，进而有效地解决问题。

9. 回报处理方式，让顾客了解。

既然向顾客要了电话号码，那么千万不要忘记及时给顾客回电话，让他了解问题解决的情况。如果只将电话收线当作事情完结，那么过了一段时间后，顾客将更加气愤，打电话过来质问为何问题还未得到解决。因此，要注意及时向顾客回报处理方式。

4.5 处理顾客投诉应注意的问题及处理技巧

第一时间处理顾客投诉。一定要重视顾客的投诉。顾客投诉处理得好坏，直接影响到店铺的信誉以及店铺的销售。

一、处理投诉时应注意的问题

1. 要站在顾客的角度上，切实为顾客着想，尽可能地为顾客提供选择的机会。

2. 诚恳地向顾客承诺，并履行自己作出的承诺。

3. 在允许的职责范围内，适当地给顾客一些补偿，使顾客在心理上得到平衡。

二、处理投诉的技巧

1. 保持微笑。微笑是平息愤怒的魔术棒。

2. 运用幽默。幽默可以带给人轻松快乐的情绪，适时而又恰当地运用幽默的技巧，可以缓解紧张的气氛。

3. 不要产生负面的评价。

4. 给顾客一些小礼物。

5. 为顾客提供满意的售后服务。其中包括三包、包装、置放单据、安全保证等。

6. 为顾客提供送货服务。

为顾客提供送货服务时，送货人员在送货前，一定要及时告知顾客，以方便顾客等候。送货人员一定要信守承诺，如果有特殊原因，没能及时送货，一定要通知顾客，并将原因告知顾客，以得到谅解，并与顾客联系下一次送货的时间。